# ओ री गौरैया

# ओ री गौरैया

संजय कुमार

प्रभात
पेपरबैक्स
www.prabhatbooks.com

*प्रकाशक*

**प्रभात पेपरबैक्स**

**प्रभात प्रकाशन प्रा. लि.** का उपक्रम

4/19 आसफ अली रोड, नई दिल्ली–110002

फोन : 011–23289777 • हेल्पलाइन नं. : 7827007777

इ–मेल : prabhatbooks@gmail.com ❖ वेब ठिकाना : www.prabhatbooks.com

*संस्करण*

प्रथम, 2023



★

**O RI GAURAIYA**

*by* Shri Sanjay Kumar

Published by **PRABHAT PAPERBACKS**

An imprint of Prabhat Prakashan Pvt. Ltd.

4/19 Asaf Ali Road, New Delhi-110002

ISBN 978-93-5521-465-2

गौरैया को दाना-पानी-आवास
और थोड़ा सा प्यार देकर
संरक्षण में लगे सभी को
समर्पित

# संजय कुमार और गौरैया

कहाँ चली गई चुनमुन गौरैया? जो हमारी नानी-दादी की कहानी में चीना सोंवा की बाल टुँगकर खाती थी। भूरी, पीली, धूसर कई रंगोंवाली छोटी चिड़िया। घरों में अपने घोंसले बनानेवाली, कास की झाड़ में बाँध, सड़क के किनारेवाले बबूल और कठजिलेबी के पेड़ में डबल स्टोरी घोंसला बनानेवाली दर्जिन गौरैया कहाँ गई? क्या हमारी क्षुधा ने सबको उदारस्थ कर लिया? प्रचंड गरमी, बेहद ठंड ने जान ले ली? पर्यावरण के असंतुलन ने गला घोंट दिया या खेतों, पौधों पर छिड़कनेवाले कीटनाशकों ने नष्ट कर दिया? इतना कुछ कारण तो हैं ही, कुछ और भी हो सकते हैं। वह चंचल भोली चिड़िया हमारे जीवन से गायब होने लग गई। बाग बगीचे काटकर, खेत नष्ट कर बिल्डिंग बन गईं, कहाँ रहेगी गरीब चिड़िया? लेकिन संवेदनशील लोगों की टीम ने मिलकर इसे पुनः अपने जीवन में लौटाने के लिए प्रयास किया। संजयजी उस टीम के सालिम अली ही साबित हुए। वे अनुसंधान में लग गए। व्यावहारिक तो हुए ही, उन लोगों ने गौरैया के लिए घर बनाकर मुहैया कराया। संजयजी ने गौरैया के प्रकार, व्यवहार और जीवन पद्धति पर सुंदर चित्रमय नयनाविराम पुस्तक लिखी। अब यह दूसरी पुस्तक है। इसमें आगे की जानकारीपूर्ण विविध बातें तथा सुंदर चित्र हैं। मैं संजयजी के प्रयास की भूरी-भूरी प्रशंसा करती हूँ और शुभकामनाएँ प्रेषित करती हूँ।

14 सितंबर, 2022

**—उषा किरण खान**
पद्मश्री, चर्चित लेखिका

# दो शब्द

रोज की तरह गौरैया को दाना-पानी दे रहा था···। हथेली पर दाने थे और कई गौरैया बैठकर चुगने लगीं, उसके चोंच से हथेली पर चुभन शरीर को एक्यूप्रेशर का अहसाहस करा रही थी, साथ ही चीं-चीं की संगीतमय आवाज कानों को सुकून दे रहे थे। यह सच नहीं, बल्कि सपने में तब देखा था, जब एम्स, दिल्ली में कोलोन कैंसर को लेकर ऑपरेशन थिएटर में 3 मई, 2019 को बेहोश पड़ा था। यों तो सपने दिखने के बाद सुबह अपनी दुनिया में गुम हो जाते हैं, लेकिन इस सपने को भूल नहीं पाया। एक महीने बाद जब पटना (घर) लौटा तो सबसे पहले गौरैया को दाना-पानी देने के लिए लपका। दाना-पानी डालते ही झुंड में गौरैया आईं, जैसे उन्हें मेरा ही इंतजार था। चीं-चीं की संगीतमयी धुन से बालकनी का कोना-कोना खिल उठा। यह सपना एक दिन का नहीं था, कहते हैं, जिस बात को लेकर आप सोचते रहते हैं, वह रात में सपने में दिखता रहता है, लेकिन मैंने दिन में ऑपरेशन थिएटर में देखा। जाहिर है, यह भले ही सपना था, लेकिन मेरे लिए हकीकत से कम नहीं था। रोज गौरैया को दाना-पानी देना, उनसे बतियाना, समझना, उनकी अदाओं को कैमरे में कैद करना, फिर उसे सोशल मीडिया पर पोस्ट कर, उनके लिए लोगों से दाना-पानी रखने, बॉक्स लगाने और थोड़ा सा प्यार देने की अपील करना मेरा रूटीन है। गौरैया से जुड़ाव की कहानी की 'अभी मैं जिंदा हूँ···गौरैया' पुस्तक में चर्चा कर चुका हूँ।

इस बार पुस्तक 'ओ री गौरैया', गौरैया संरक्षण के विविध आयामों पर

केंद्रित है। 'बर्डमैन ऑफ इंडिया' सालिम अली को शिकार के दौरान एक ऐसी गौरैया हाथ लगी, जो विलुप्त प्राय: और सामान्य गौरैया से बिल्कुल अलग थी। उसके गले के पास सुनहरा रंग था, जो सोना सी चमक लिये थी। इस गौरैया की पहचान 'बॉम्बे नेचुरल हिस्टरी सोसाइटी' (बी.एन.एच.एस.) के सचिव डब्ल्यू.एस. मिलार्ड ने की और सोनकंठी (पीली गलेवाली) गौरैया नाम दिया। गौरैया का कंठ सोना के रंग (पीला) जैसा था। गौरैया ने चिड़ियों के शिकार के पीछे भागनेवाले सालिम को पक्षी विशेषज्ञ तो बनाया ही, साथ ही 'बर्डमैन ऑफ इंडिया' भी बनाया। सच भी है, सालिम अली के बिना पक्षियों की बात नहीं हो सकती। 'ओ री गौरैया', पुस्तक गौरैया पर मेरी दूसरी पुस्तक है, पहली पुस्तक 'अभी मैं जिंदा हूँ...गौरैया' को आपने खूब पसंद किया। पुस्तक के जरिए गौरैया संरक्षण का जो बिगुल फूँका गया, वह आज आंदोलन बन चुका है। संदेश दूर-दूर तक गया। आज गौरैया संरक्षण को लेकर देशभर में लोग सक्रिय हैं।

इस पुस्तक में थोड़ा हटकर गौरैया संरक्षण को आगे बढ़ाने का काम किया गया है। पुस्तक में कुल 17 अध्याय हैं—गौरैया के सालिम अली, गौरैया का संरक्षण क्यों? जागरूकता से गौरैया की घर वापसी और आ गई गौरैया, घोंसला लगाकर करें गौरैया का संरक्षण, गौरैया संरक्षण और नेचर ऑडिट हर दिन हो, भारत में गौरैया की संख्या स्थिर, मोबाइल फोन टॉवर खतरे का पुख्ता सबूत नहीं, जीने की राह सिखाती है गौरैया, पारिस्थितिकी तंत्र की बहाली और पर्यावरण में गौरैया, कितना सही है चिड़ियों का टोटका : शुभ और अशुभ, डाक टिकट पर गौरैया की उड़ान : संरक्षण का देता संदेश, गौरैया की आवाज पहुँची पोस्टकार्ड पर, पक्षी संरक्षण का लहरता परचम, साहित्य में गौरैया, फिल्मों में जीवन की राह दिखाती गौरैया, गौरैया की शहादत को समर्पित दुनिया की एकमात्र स्मारक भारत में, गौरैया...संरक्षण के लिए बने स्पैरो जोन और गौरैया के बारे में रोचक तथ्य। ये अध्याय सहज हैं और अपने विषय के अनुरूप हैं। मेरा मानना है कि वह हर व्यक्ति विलुप्त होती गौरैया का संरक्षक है, जो एक दाना, एक बूँद पानी, घोंसला के

लिए एक बॉक्स लगाता है, थोड़ा सा प्यार देता है और जागरूकता फैलाने का काम करता है। हर घर गौरैया संरक्षण मुहिम से जुड़े और दाना-पानी रखने के साथ ही बॉक्स लगाए तो यह अभियान जन-आंदोलन बन जाएगा। यह पुस्तक भी उसी की कड़ी है। अपनी राय दीजिएगा और वायदा कीजिए अपने घर-आँगन में गौरैया के लिए दाना-पानी-आवास की व्यवस्था जरूर कीजिएगा, साथ ही थोड़ा सा प्यार नन्ही जान को दीजिएगा।

**—संजय कुमार**

# अनुक्रम

1

# गौरैया (सोनकंठी-पीत कंठी गौरैया) के सालिम अली

गौरैया संरक्षण की बात हो और सालिम अली की चर्चा न हो, ऐसा हो ही नहीं सकता, जिनको गौरैया की एक खास प्रजाति, यानी सोन कंठवाली या पीले (पीत कंठी) गलेवाली चिड़िया ने पक्षी वैज्ञानिक बना दिया था। तो पहले जानते है सालिम अली आखिर थे कौन? डॉ. सालिम मोइजुद्दीन अब्दुल अली एक भारतीय पक्षी विज्ञानी, वन्यजीव संरक्षक और प्रकृतिप्रेमी

के तौर पर विख्यात हैं। वे भारत के पहले ऐसे पक्षी विज्ञानी थे, जिन्होंने पूरे देश में व्यवस्थित रूप से पक्षियों का सर्वेक्षण/शोध किया और पक्षियों पर बहुत सारे लेख और पुस्तकें लिखी। पक्षी संरक्षण में किए गए अहम काम ने डॉ. सालिम अली को 'भारत का बर्डमैन' बनाया। वे इस नाम से विख्यात हुए और भारत सरकार ने उन्हें वर्ष 1958 में 'पद्मभूषण' और वर्ष 1976 में 'पद्मविभूषण' से सम्मानित किया।

डॉ. सालिम अली ने अपना पूरा जीवन पक्षियों के लिए समर्पित कर दिया था। उनके जाननेवाले मानते थे कि सालिम अली चिड़ियों की जुबान समझते थे। उन्होंने पक्षियों की अलग-अलग प्रजातियों के बारे में अध्ययन के लिए देश के कई भागों और जंगलों का दौरा किया। डॉ. अली ने कुमाऊँ के तराई क्षेत्र से बया पक्षी की एक ऐसी प्रजाति को ढूँढ़ निकाली थी, जो विलुप्त घोषित हो चुकी थी। उन्होंने साइबेरियाई सारसों पर बहुत काम किया और वे उनकी एक-एक आदत को अच्छी तरह पहचानते थे। अपने अध्ययन के माध्यम से उन्होंने ही बताया था कि साइबेरियन सारस मांसाहारी नहीं होते, बल्कि वे पानी के किनारे पर जमी काई को खाते हैं। सालिम अली पक्षियों को बिना कष्ट पहुँचाए पकड़ने के कई तरीके जानते थे। पक्षियों को पकड़ने के लिए डॉ. सालिम अली ने प्रसिद्ध 'गोंग एंड फायर व डेक्कन विधि' की खोज की थी, जिन्हें आज भी पक्षी विज्ञानियों द्वारा इस्तेमाल किया जाता है।

वर्ष 1947 के बाद डॉ. सालिम 'बॉम्बे नेचुरल हिस्टरी सोसाइटी' के सबसे प्रमुख व्यक्ति बन गए थे। साथ ही भरतपुर और सुल्तानपुर पक्षी विहार की स्थापना में उनकी प्रमुख भूमिका रही थी। वर्ष 1930 में सालिम अली ने अपने शोध और अध्ययन पर आधारित कई महत्त्वपूर्ण लेख लिखे। इन लेखों के माध्यम से लोगों उनके कार्यों के बारे में पता चला और उन्हें एक पक्षी शास्त्री के रूप में पहचान मिली। लेखों के साथ-साथ सालिम अली ने कुछ पुस्तकें भी लिखीं। 1941 में प्रकाशित चर्चित पुस्तकों में 'द बुक ऑफ इंडियन बर्ड्स' ने रिकॉर्ड बिक्री की। इसके बाद उन्होंने एक दूसरी पुस्तक 'हैंडबुक ऑफ द बर्ड्स ऑफ इंडिया एंड पाकिस्तान' भी लिखी, जिसमें

सभी प्रकार के पक्षियों, उनके गुणों, खान-पान, प्रजनन, प्रवासी आदतों आदि से संबंधित अनेक रोचक और मतवपूर्ण जानकारियाँ दी गई थीं। डॉ. सालिम अली ने एक और पुस्तक 'द फाल ऑफ ए स्पैरो' भी लिखी, जिसमें उन्होंने गौरैया के साथ-साथ अपने जीवन से जुड़ी कई घटनाओं का जिक्र किया है।

डॉ. सालिम अली का जन्म मुंबई के एक सुलेमानी बोहरा मुसलिम परिवार में 12 नवंबर, 1896 में हुआ था। वे अपने माता-पिता के सबसे छोटे और नौवीं संतान थे। जब वे एक साल के थे, तब उनके पिता मोइजुद्दीन चल बसे और जब वे तीन साल के हुए, तब उनकी माता की भी मृत्यु हो गई। सालिम और उनके भाई-बहनों की देख-रेख उनके मामा अमिरुद्दीन तैयाबजी और चाची हमिदा द्वारा मुंबई की खेतवाड़ी इलाके में हुई।

बॉम्बे नेचुरल हिस्टरी सोसाइटी (बी.एन.एच.एस.) के सचिव डब्ल्यू. एस. मिलार्ड ने सालिम अली के अंदर पक्षियों के प्रति जिज्ञासा बढ़ाई और बालक सालिम को पक्षियों के अध्ययन के लिए उत्साहित किया था। पक्षियों में खास रुचि रखने के कारण सालिम ने पक्षियों पर अध्ययन/शोध करना शुरू किया। मिलार्ड ने सोसाइटी में संग्रहित सभी पक्षियों को सालिम को दिखाना प्रारंभ किया और पक्षियों के संग्रहण के लिए प्रोत्साहित भी किया। उन्होंने सालिम अली को कुछ पुस्तकें भी दीं, जिसमें 'कॉमन बर्ड्स ऑफ मुंबई' भी शामिल थी। मिलार्ड ने सालिम को पक्षियों की खाल निकालने और संरक्षण में प्रशिक्षित करने की पेशकश भी की। उन्होंने ही युवा सालिम की मुलाकात नोर्मन बॉयड किनियर से करवाई, जो कि बॉम्बे नेचुरल हिस्टरी सोसाइटी में प्रथम पेड क्यूरेटर थे।

प्राथमिक शिक्षा के लिए सालिम और उनकी दो बहनों का दाखिला गिरगाम स्थित जनाना बाइबिल मेडिकल मिशन गर्ल्स हाई स्कूल और बाद में मुंबई के सेंट जेवियर में कराया गया। जब वे 13 साल के थे, तब सिरदर्द की गंभीर बीमारी से पीड़ित हुए, जिसके कारण उन्हें अकसर स्कूल से दूर रहना पड़ता था। उन्हें अपने एक चाचा के साथ रहने के लिए सिंध भेज दिया गया। सिंध की शुष्क हवा से शायद वे स्वस्थ होते, इसलिए भेज दिया गया

था। लंबे समय के बाद वे सिंध से वापस लौटे और बड़ी मुश्किल से वर्ष 1913 में बॉम्बे विश्वविद्यालय से दसवीं की परीक्षा उत्तीर्ण की। सालिम अली ने प्रारंभिक शिक्षा मुंबई के सेंट जेवियर्स कॉलेज से ग्रहण की, लेकिन कॉलेज का पहला साल मुश्किलों भरा था, जिसके बाद उन्हें पढ़ाई छोड़नी पड़ी और परिवार के वोलफ्रेम माइनिंग और इमारती लकड़ियों के व्यवसाय की देख-रेख के लिए टेवोय, बर्मा चले गए। यह स्थान सालिम के अभिरुचि में सहायक साबित हुआ, क्योंकि यहाँ पर घने जंगले थे, जहाँ इनका मन तरह-तरह के परिंदों को देखने में लगता। लगभग सात साल बाद सालिम अली मुंबई वापस लौट गए और पक्षी शास्त्र में प्रशिक्षण लिया और साथ ही मुंबई के 'नेचुरल हिस्टरी सोसाइटी' के म्यूजियम में गाइड के पद पर नियुक्त हो गए। बहुत समय बाद इस कार्य में उनका मन नहीं लगा तो अवकाश लेकर जर्मनी जाकर पक्षी विज्ञान में उच्च प्रशिक्षण प्राप्त किया।

डॉ. सालिम अली ने प्रकृति विज्ञान और पक्षी विज्ञान के क्षेत्र में महत्त्वपूर्ण योगदान दिया। अलीगढ़ मुसलिम विश्वविद्यालय और दिल्ली विश्वविद्यालय ने उन्हें डॉक्टरेट की मानद उपाधि दी। 27 जुलाई, 1987 को 91 साल की उम्र में डॉ. सालिम अली का निधन मुंबई में हुआ। डॉ. सालिम अली भारत में एक 'पक्षी अध्ययन व शोध केंद्र' की स्थापना करना चाहते थे। इनके महत्त्वपूर्ण कार्यों और प्रकृति विज्ञान और पक्षी विज्ञान के क्षेत्र में अहम् योगदान के मद्देनजर 'बॉम्बे नेचुरल हिस्टरी सोसाइटी' और 'पर्यावरण एवं वन मंत्रालय', भारत सरकार द्वारा कोयम्बटूर के निकट 'अनाइकट्टी' नामक स्थान पर 'सलीम अली पक्षीविज्ञान एवं प्राकृतिक इतिहास केंद्र' स्थापित किया गया।

ये थे सालिम अली। अब जानते हैं सालिम की गौरैया के बारे में, जिसने उन्हें 'बर्डमैन ऑफ इंडिया' बना दिया। सालिम अली को शिकार के दौरान एक ऐसी गौरैया हाथ लगी, जो विलुप्त प्राय: और सामान्य गौरैया से बिल्कुल अलग थी। उसके गले के पास सुनहरा रंग था, जो सोना सी चमक लिये थी। इस गौरैया की पहचान बॉम्बे नेचुरल हिस्टरी सोसाइटी (बी.एन.एच.एस.) के सचिव डब्ल्यू.एस. मिलार्ड ने की और 'सोनकंठी गौरैया' नाम दिया। गौरैया

की कंठ सोने के रंग जैसी थी। सुनते हैं सोनकंठी गौरैया की कहानी, सालिम अली की जुबानी, जिसे सालिम अली ने आत्म-जीवन चरित्र पुस्तक 'द फॉल ऑफ स्पैरो' (मूल अंग्रेजी में पुस्तक का प्रकाशन ऑक्सफोर्ड यूनिवर्सिटी प्रेस द्वारा 1985 में किया गया था, जबकि हिंदी अनुवाद नेशनल बुक ट्रस्ट इंडिया ने 2005 में विश्वमोहन तिवारी से करवाकर प्रकाशित किया) में शब्दशः पिरोया है।

बचपन में माँ और पिता की मृत्यु के बाद सालिम अली अपने मामा अमीरुद्दीन तैयबजी और उनकी निस्संतान पत्नी हामिदा बेगम की स्नेह छाया में पलने लगे। हमारे पितातुल्य मामाजी ने, जिनके साथ हम रहते थे, वे गजब के शिकारी थे, उनकी उपलब्धियों से प्रभावित होकर हम उन्हें अपना हीरो मानते थे। जब मैं 9 वर्ष का था, तब मुझे एक एयरगन मामा ने भेंट की थी। जल्द ही गन चलाने की कुशलता प्राप्त कर ली थी और मैं गौरैयों को मार सकता था। बड़ी संख्या में गौरैया हमारे अस्तबल के पास रहती थी। घोड़ों के नकथैलों से गिरे दानों को खाती रहती थी और दीवार तथा छतगिर में अनेक छेदों को अपना आवास बनाए हए थी। हम लड़के खुदा से डरनेवाले मुसलिम बच्चों की तरह पाले गए थे। हमें पता था कि गौरैया का गोश्त वैध गोश्त था और उसे हम तभी खा सकते थे, जब उसे हलाल किया जाए। 9 या 10 वर्ष की उम्र में मैंने अपना प्रथम पक्षी नोट लिखा था। खेतवाड़ी अस्तबल में गौरैया के शिकार की घटना मुख्य विषय थी। दीवार में लकड़ी की खूँटियाँ ठोकी गई थीं, ताकि अश्व साज उन पर टाँगे जा सकें, उनमें से एक खूँटी निकल आई थी, इसलिए गौरैया को घोंसला बनाने के लिए एक सुराख उपलब्ध था। एक मादा गौरैया का उसमें घोंसला बनाने की घटना का वर्णन नोट में किया गया था। लगभग 60 वर्ष पश्चात् जब उस नोट को खोजा, तब अनगढ़ तथा अपूर्ण होने के बावजूद प्रकाशित होने योग्य पाया गया, जो थोड़े बहुत मूल रूप में इस प्रकार है—

"1906-07 में जब मादा गौरैया अंदर सुराख में घोंसले के अंदर बैठी थी, तब एक नर गौरैया सुराग के पास कील पर बैठा था। मैंने अस्तबल में खड़ी गाड़ी के पीछे से उसे मारा। थोड़ी देर में उस मादा गौरैया ने एक अन्य

नर गौरैया को बुला लिया और नर गौरैया पहरेदार की तरह कील पर बैठा। मैंने उसे भी मार दिया। थोड़ी देर में उस मादा गौरैया के पास एक और नर गौरैया था, जो फिर पहरे पर बैठ गया। मैंने उसको भी मारा। अगले सात दिनों में मैंने उस स्थान पर आठ नर गौरैयों को मार गिराया और प्रत्येक बार उस मादा गौरैया को एक नर गौरैया मिल जाता। मानो नर गौरैया उसके लिए हमेशा तैयार रहते थे, जो मृत पति गौरैया का स्थान ग्रहण कर लेते थे।"

"'मुझे इस नोट का गर्व है। यद्यपि यह नोट मेरी शिकार प्रतिभा का अभिलेख था और इसके अन्य उपयोगों की संभावनाओं को समझने की शक्ति भी मुझमें उस समय नहीं थी, पर आज के व्यवहार संबंधी अध्ययन की दृष्टि से यह बहुत सार्थक सिद्ध हुआ।'''देवनार में भूखे जानवरों से बचाने के लिए धान के पुआल के गट्ठर बनाकर किसान लोग वृक्षों पर रख देते थे। संध्या समय बड़ी संख्या में गौरैया उन गट्ठरों में बसेरा बनाती थी। अँधेरा होने के समय आकर गट्ठरों में सुरंग बनाकर घुस जाती थी। हम लोगों की रणनीति होती थी कि उनके आगमन के लिए तैयार रहें तथा केवल नर गौरैयों को शिकार बनाएँ। इसके पहले कि सुरंग में वे गुम न हो जाएँ।...जहाँ तक मुझे याद आता है कि इस अवधि में, इसी तरह के गौरैया शिकार अभियान में पक्षियों के विषय में मेरी प्रथम वैज्ञानिक जिज्ञासा जाग्रत् हुई थी। एक बार जब मेरा शिकार गौरैया का हलाल होने ही वाला था, मुझे लगा कि उस चिड़िया में कुछ गड़बड़ है, वह मेरे द्वारा मारी गई अनेक मादा गौरैयों के ही समान थी, किंतु उसके कंठ पर एक पीला चकत्ता-सा था, जैसे कि मसाले का दाग हो! मैंने उस चिड़िया को हलाल होने से रोका और चिड़िया के शव को अपने घर ले आया, ताकि परिवार में इकलौते शिकारी मामा अमीरुद्दीन से आवश्यक जानकारी ले सकूँ। उन्होंने उस चिड़िया को जाँचा-परखा और सहमत हुए कि वह कोई नई चिड़िया है। इसे उन्होंने भी पहले कभी नहीं देखा था। मामा अमीरुद्दीन, बॉम्बे नेचुरल हिस्टरी सोसाइटी के सदस्यों में से थे, जो 1883 की स्थापना के तुरंत बाद ही बने थे। उस समय के अवैतनिक सचिव तथा मदिरा व्यवसायी फिप्सन एंड कंपनी के मालिक डब्ल्यू.एस. मिलार्ड के नाम

उन्होंने मुझे परिचय-पत्र दिया, जिसमें उन्होंने उस पक्षी की पहचान का आग्रह किया था।'''1908 की घटना है। बॉम्बे नेचुरल हिस्टरी सोसाइटी से मेरा पहला संपर्क हुआ था, जो मेरे कार्य और जीवन को बदलने में महत्त्वपूर्ण कारक बना। जैसे ही मैंने श्री मिलार्ड को रहस्यमय पक्षी को दिखाया, तो एक झलक में उन्होंने बताया कि यह सोनकंठी गौरैया पेट्रोनिया जैन्थोकोलिस (Petronia xanthocollis) है। मुझे लाइब्रेरी में ले गए, जहाँ उन्होंने इस पक्षी के अनेक मरे हुए नमूने प्रमाणस्वरूप दिखाए। गौरैया की अन्य अनेक जातियों के नमूने भी वहाँ रखे थे, जिन्हें उन्होंने निकालकर बड़े धैर्यपूर्वक समझाया तथा उनमें अंतर भी बताया। उन्होंने एक के बाद एक भारतीय साम्राज्य के सैकड़ों पंछी दिखाए और मेरा विश्वास है कि इस क्षण में पक्षियों के प्रति मेरी जिज्ञासा को जैसे अचानक ही और आलोकित तथा जाग्रत् किया था। छोटे से पुस्तकालय में से उन्होंने मुझे कुछ पक्षियों से संबंधित पुस्तकें पढ़ने को दीं और इस तरह मेरा परिचय एडवर्ड हैमिल्टन एटकिन की अद्वितीय कालजयी पुस्तकें 'बॉम्बे के पक्षी' तथा 'एक प्रकृति विज्ञानी की टोह' से हुआ। पुस्तकों ने मेरी रुचि को और बढ़ाया और मैंने उन्हें पिछले 60 वर्षों में आनंदित होकर बार-बार पढ़ा'''इस सोनकंठी गौरैया की घटना ने मेरे जीवन में ऐसे रास्ते खोल दिए, जिसकी मैंने सपने में भी कल्पना नहीं की थी और फिर मेरे अध्ययन की दिशा प्राकृतिक इतिहास की पुस्तकों, विशेषकर पक्षियों की पुस्तकों की ओर अग्रसर हुई। उन दिनों ही क्यों, उसके बाद अनेक वर्षों तक भारतीय पक्षियों पर सचित्र पुस्तकें लगभग नहीं के बराबर थीं'''इसमें तो कोई संदेह नहीं कि मेरा पक्षियों में गहरी रुचि लेने का श्रेय उस रहस्यमयी 'सोन चिरैया' यानी सोनकंठी गौरैया को जाता है, जिसने मेरी दुनिया ही बदल दी।'

सालिम अली की गौरैया को 'बिहार के बर्ड मैन' एवं गरुड़ संरक्षण अरविंद मिश्रा ने सर्वप्रथम मध्य प्रदेश के कान्हा के जंगल में देखा तो उसके बाद उनकी इच्छा इसे बिहार में देखने की भी हुई। पक्षियों के संरक्षण के लिए दुनियां की सबसे बड़ी संस्था इंग्लैंड की 'रॉयल सोसाइटी फॉर द प्रोटेक्शन ऑफ बर्ड्स' के पक्षी वैज्ञानिक डॉ. पॉल डोनाल्ड के साथ बिहार में भटकते

हुए उन्होंने इस पीतकंठी गौरैया को बिहार में पहली बार पूर्णिया के सिंघिया के वन क्षेत्र में देखा, अप्रैल 2014 में। इसके बाद तो इसे जमुई जिले के गरही डैम में फरवरी 2022 में और अब बक्सर के गोकुल जलाशय के किनारे जून 2022 में भी देखा। 2014 में अच्छा कैमरा न होने का अफसोस मिट गया, जब जमुई और बक्सर में अरविंद मिश्रा ने अपने कैमरे में इस दुर्लभ पक्षी को कैद किया। विलुप्त सोनकंठी गौरैया के बारे में श्री मिश्रा कहते हैं कि यदि संकल्प मन में है तो सपने बार-बार भी पूरे होते है और एक नन्ही सी जान भी जिंदगी के मकसद बदल देती है। इसे हिंदी में राजी, जंगल चिड़िया या ललकंधा गौरैया भी कहा जाता है। मादा राजी के कंठ में पीलापन बहुत हलका होता है, मगर इसकी चोंच घरेलू गौरैया से थोड़ी बड़ी और नुकीली होती है और नर पक्षी की चोंच प्रजनन काल में काली हो जाती है।

सोनकंठी गौरैया की प्रजाति वृक्षप्रेमी होती है, हालाँकि, कभी-कभी तारों और जमीन पर भी देखी जाती है। तुर्की, ईरान, अफगानिस्तान, पाकिस्तान, भारत, बांग्लादेश और श्रीलंका सहित संभवत: म्यांमार के कुछ हिस्सों में भी यह पाई जाती है।

□

# 2

# गौरैया का संरक्षण क्यों?

घर-आँगन में चहकने-फुदकनेवाली गौरैया का आखिर संरक्षण क्यों? संरक्षण का यह सवाल हर वर्ष 20 मार्च को 'विश्व गौरैया दिवस' के दिन सामने आता हैं। देखा जाए तो इस पृथ्वी पर हर किसी को जीने का हक है। जहाँ तक गौरैया का सवाल है, तो इनसानों की दोस्त है, तो किसानों की मददगार है। गौरैया इनसान के साथ रहते हुए उन्हें सुख-शांति प्रदान करती हैं। बच्चों का बचपन इसके साथ खेलते हुए गुजरता है और बच्चे बड़े होते हैं।

खेत-खलिहान-फल-फूल-सब्जी में लगनेवाले कीड़े-मकोड़ों से फसलों की ये रक्षा करती है, लेकिन हम इनसान ने ही इसे अपने से दूर कर

दिया है। हालत यह है कि यह कहीं दिखती है, कहीं नहीं। एक शहर में है, दूसरे में नहीं। एक गाँव में है, दूसरे में नहीं। एक मोहल्ले में है, दूसरे में नहीं है। ऐसे में लोग इंटरनेट पर गौरैया की फोटो देख आहें भरते हैं और गौरैया कहती है, 'अभी मैं जिंदा, लेकिन हैं अस्तित्व खतरे में मेरा, करो पहल मुझे बचाने की, है वायदा घर-आँगन में चहचहाहट से भर दूँगी खुशियाँ।' गौरैया की बात में दम है। इनसानों के घरों में कभी अपना बसेरा बनानेवाली 'गौरैया' की संख्या कम ही रही है। माना जाता है विलुप्ति की ओर है।

### भारत में संख्या है स्थिर

आँकड़े बताते हैं कि विश्व भर में घर-आँगन में चहकने-फुदकनेवाली छोटी सी प्यारी चिड़िया गौरैया की आबादी में 60 से 80 फीसदी तक की कमी आई है। ब्रिटेन की 'रॉयल सोसाइटी ऑफ प्रोटेक्शन ऑफ बर्ड्स' ने भारत से लेकर विश्व के विभिन्न हिस्सों में अनुसंधानकर्ताओं द्वारा किए गए अध्ययनों के आधार पर गौरैया को 'रेड लिस्ट' में डाला था। वहीं, आंध्र विश्वविद्यालय द्वारा किए गए अध्ययन के मुताबिक गौरैया की आबादी में करीब 60 फीसदी की कमी आई। यह ह्रास ग्रामीण और शहरी दोनों ही क्षेत्रों में हुआ है। पश्चिमी देशों में हुए अध्ययनों के अनुसार गौरैया की आबादी घटकर खतरनाक स्तर तक पहुँच गई है, जबकि स्टेट ऑफ इंडियंस बर्ड्स 2020, रेंज, ट्रेंड्स और कंजर्वेशन स्टेट्स की रिपोर्ट में दावा किया गया है कि पिछले 25 साल से गौरैया की संख्या भारत में स्थिर बनी हुई है। हालाँकि, इसके संरक्षण के प्रति जागरूकता को लेकर दिल्ली सरकार ने 2012 और बिहार सरकार ने 2013 गौरैया को राजकीय पक्षी घोषित कर रखा है।

एक वक्त हुआ करता था, जब हर घर-आँगन में सूप से अनाज फटका जाता था, तो फटकने के बाद गिरे अनाज को खाने, गौरैया फुर्र से आती थी और दाना चुगकर फुर्र से उड़ जाती थी। बच्चे बचपन में इसे पकड़ने की कोशिश करते हुए खेला करते थे। टोकरी के नीचे चावल रख इसे फँसाते और पकड़ने के बाद गौरैया पर रंग डालकर उड़ा देते थे। जब दोबारा वह आती

थी, तो उसे पहचानकर मेरी गौरैया···मेरी गौरैया कह चहकते और खुश होकर ताली बचाकर उसका स्वागत करते थे। बड़े जब घर-आँगन में बैठे रहते, उनके पैर के पास फुर्र से आती और गिरे हुए दाना को चुग, फुर्र से उड़ जाती। अब यह केवल कहानी भर है, हालाँकि, आज भी कई घरों में गौरैया आ रही है। कहीं इसका संरक्षण हो रहा है, तो कहीं नहीं।

## गौरैया की संख्या में कमी के पीछे का कारण

गौरैया की संख्या में कमी के पीछे कई कारण हैं, जिन पर लगातार शोध हो रहे हैं। गौरैया की संख्या में कमी के पीछे के कारणों में आहार की कमी, बढ़ता आवासीय संकट, कीटनाशक का व्यापक प्रयोग, जीवन-शैली में बदलाव, प्रदूषण और मोबाइल फोन टॉवर से निकलनेवाले रेडिएशन को दोषी बताया जाता रहा है, हालाँकि, देश के छह मेट्रो बेंगलुरु, चेन्नई, दिल्ली, हैदराबाद, कोलकाता और मुंबई में इनकी संख्या में कमी देखी गई है, लेकिन बाकी के शहरों में इसकी संख्या स्थिर देखी जा रही है। ऐसे में कहा जा सकता है कि भारत में यह विलुप्त नहीं है, लेकिन स्थिति ठीक भी नहीं है। गौरैया की संख्या में कमी के कारणों में आहार, खासकर कीड़ों की हो रही कमी को भी माना जा रहा है। कीड़ों की कमी (गौरैया के बच्चों का एक प्रमुख भोजन) इनकी संख्या में कमी का एक बड़ा कारण है। इसके पीछे बेतहाशा कीटनाशक का प्रयोग को माना जा रहा है। गौरैया अपने बच्चे को फसल-साग-सब्जी-फलों में लगनेवाले कीड़े को खिलाती है। इससे गौरैया के बच्चे को भरपूर प्रोटीन मिलता है। बच्चा अनाज खा नहीं सकता है, लेकिन जिस तरह से फसल-सब्जी-फल-अनाज में कीटनाशकों का इस्तेमाल बढ़ा है, उससे उन्हें सही आहार मिल पाने में परेशानी हो रही है। यह कीड़ा उसे खेत-खलिहान-बाग-बगीचा और गाय के गोबर के पास से मिलता है। फसल और साग-सब्जी में बेतहाशा कीटनाशक के प्रयोग ने कीड़ों को मार डाला है। ऐसे में गौरैया अपने बच्चे को पालने के दौरान समुचित आहार यानी प्रोटीन नहीं दे पाती है और बच्चे कमजोर हो जाते हैं, साथ ही उसके जीने की उम्मीद पर खतरा मँडराने लगता है।

गौरैया के प्रजनन के लिए अनुकूल आवास में कमी को भी इसकी संख्या में कमी का एक कारण माना जा रहा है। खपरैल/फूस के आवासों का तेजी से कंक्रीट के जंगलों में तब्दील होने से तसवीर बदल गई है। शहरों में इनके प्रजनन के लिए अनुकूल आवास नहीं के बराबर हैं। यही वजह है कि एक ही शहर के कुछ इलाकों में ये दिखती है तो कुछ में नहीं। गौरैया संरक्षण में जुड़े लोग कृत्रिम घर बनाकर गौरैया को प्रजनन के लिए आवास देने की पहल चला रहे हैं। इसमें गौरैया अंडे देने के लिए आ भी रही हैं। कई गाँव में यह संकट ज्यादा नहीं है, फूस और मिट्टी के अवास अभी भी हैं। हाउस स्परौ यानी घरेलू गौरैया इनसान के घरों में या आसपास रहती है। अंडे देने के लिए घरों के अंदर जगह खोज लेती है, लेकिन आधुनिक जीवन-शैली की तहत घरों के पैक हो जाने से घर के अंदर प्रवेश नहीं कर पाती है और फिर अंडे देने के लिए इसे भटकना पड़ता है।

मोबाइल फोन टॉवर से निकलनेवाले रेडिएशन को भी गौरैया के संख्या में कमी करनेवाला एक बड़ा कारक माना जाता रहा है, लेकिन स्टेट ऑफ इंडियंस बर्ड्स 2020—रेंज, ट्रेंड्स और कंजर्वेशन स्टेटस ने अपने रिपोर्ट के पेज संख्या छह पर साफ-साफ कहा है कि गौरैया की संख्या में कमी के तथ्य में मोबाइल फोन टॉवर का जो तर्क दिया जाता रहा है, उसे लेकर कोई पुख्ता सबूत नहीं मिला है, जिससे यह पता चले कि रेडिएशन से गौरैया के प्रजनन पर प्रभाव पड़ता हो। यानी यह भ्रम है कि मोबाइल फोन टॉवर से गौरैया के प्रजनन को खतरा होता है। गौरैया की संख्या को कम करने में मोबाइल फोन टॉवरों की कोई भूमिका नहीं है। सच भी है, कई गौरैया संरक्षण में लगे लोगों की मानें तो उनके घर के आसपास मोबाइल टॉवर भी हैं और वर्षों से गौरैया का वास भी, फिर भी गौरैया के कम होने का सवाल गंभीर है।

## गौरैया संरक्षण की शुरुआत

गौरैया संरक्षण की शुरुआत सबसे पहले भारत के महाराष्ट्र से हुई। गौरैया, गिद्ध के बाद सबसे संकटग्रस्त पक्षी में से एक है। बाम्बे नेचुरल हिस्टरी

सोसाइटी से जुड़े प्रसिद्ध पर्यावरणविद् मोहम्मद ई. दिलावर ने 2008 से गौरैया संरक्षण की शुरूआत की थी। आज यह दुनिया के 50 से अधिक देशों तक पहुँच गई है, हालाँकि, गौरैया संरक्षण में लगे लोगों का आरोप है कि गौरैया के संरक्षण के लिए सरकारों की तरफ से कोई खास दिलचस्पी नहीं दिखती है। अमेरिका और अन्य विकसित देशों में पक्षियों का व्योरा रखा जाता है, लेकिन भारत में ऐसा नहीं हैं। नागपुर के मोहम्मद ई दिलावर ने पक्षियों के संरक्षण के लिए 'कॉमन बर्ड मॉनिटरिंग ऑफ इंडिया' के नाम से साइट बनाई है। कोई भी पक्षियों से संबंधी जानकारी और आँकड़ा दे सकता है, वैसे गौरैया से विश्व को प्रथम परिचय 1851 में अमेरिका के ब्रूकलिन इंस्टीट्यूट ने कराया था।

## संरक्षण से नहीं जुड़ने के कारण : चिड़ियों द्वारा गंदा फैलाना

कुछ लोग घरों में दाना-पानी इसलिए नहीं रखते कि जब ये आती हैं तो इसके साथ कबूतर आदि चिड़िया भी आने लगती हैं और दाना-पानी के चक्कर में वे बालकनी-रेलिंग-छत, यानी जहाँ यह दाना-पानी रखा जाता है, उस जगह को गंदा कर देती हैं। कई लोग गीले कपड़ों को सूखने डालते हैं तो चिड़िया कपड़ों पर बैठ जाती है और पॉटी कर देती है। यह लोगों को पसंद नहीं है। देखा जाए तो लोगों के जीवन में काफी बदलाव भी आया है। बहुमंजली इमारत हो या आम भवन, खुले हिस्से या बालकनी को लोग शीशे से पैक करवा देते हैं। यह खतरनाक होता है, गौरैया उड़ते हुए आती है और शीशे से टकरा जाती है या फिर उसमें अपनी परछाई देख उस पर चोंच मारती है, उसे लगता है, वहाँ दूसरी गौरैया है और ऐसे में वह घायल हो जाती है।

## संरक्षण में मेरी कोशिश

यों तो देश भर में कई लोग और संस्थाएँ गौरैया संरक्षण पर काम कर रही हैं, लेकिन गौरैया से जुड़ने की मेरी कहानी रोचक है। घटना जून 2007 की है, जब तपती दोपहर में गौरैया को रसोईघर में प्यास बुझाने के लिए नल

में चोंच लगाकर पानी पीने की कोशिश करते देख दिल भर आया। तुरंत घर में रखे आइस्क्रीम के डिब्बे में पानी भरा और बालकनी में रखे गमले में उसे रख दिया, साथ ही रेलिंग पर चावल भी छिड़कर बिखेर दिया। फिर क्या था, गौरैया को दाना-पानी मिलने लगा। पहले दो-चार आईं, फिर उनकी संख्या बढ़ती ही गई और आज मेरी बालकनी पक्षियों का आशियाना बन चुका है। समय-समय पर दाना-पानी के लिए ये आती जाती रहती हैं, लेकिन सुबह-शाम झुंड में आती हैं। गौरैया को बचाने के लिए जागरूकता अहम है। 'दाना-पानी-बॉक्स और थोड़ा सा प्यार' अभियान को हमारी गौरैया और पर्यावरण योद्धा से जुड़कर सोशल मीडिया, फोटो प्रदर्शनी, सेव स्पैरो एप आदि के माध्यम से जागरूकता अभियान चला रहा हूँ। पुस्तक 'अभी मैं जिंदा हूँ···गौरैया' लिखी। यों तो देश भर में गौरैया संरक्षक का काम चल रहा है। लोग अभियान से जुड़ते गए, देश भर में सैकड़ों लोगों ने पहल की, उनके घर-आँगन में रूँठी गौरैया के साथ-साथ दूसरी चिड़िया भी दाना चुगने, पानी पीने और बॉक्स में रहने के लिए आने लगीं। तो आप भी 'दाना-पानी-बॉक्स और थोड़ा सा प्यार' अभियान से जुड़ें, क्योंकि हमने ही गौरैया को अपने से दूर कर दिया है।

□

3

# जागरूकता से गौरैया की घर वापसी

गौरैया संरक्षण का अलख राजकीय पक्षी घोषित राज्य दिल्ली और बिहार सहित पूरे भारत में जोर-शोर से चल रहा है। यही वजह है कि कश्मीर से लेकर कन्याकुमारी तक गौरैया को देखा जा सकता है। पिछले कई सालों से गौरैया संरक्षण में लगे लोग, सरकारी-गैर सरकारी संस्थान, एन.जी.ओ. सहित हर आम और खास लोग, गौरैया फोटो प्रदर्शनी, पेंटिंग प्रतियोगिता, दाना घर, घोंसला, पानी का बरतन वितरण के साथ-साथ जागरूकता अभियान से

गौरैया की घर वापसी में सक्रिय हैं।

देशव्यापी जागरूकता से शहर-शहर, गाँव-गाँव से गायब हो चुकी गौरैया की घर वापसी होती दिख रही है। लोगों ने यह पहल दाना-पानी रखने, घोंसला (बॉक्स) लगाने और नन्ही सी जान गौरैया को थोड़ा सा प्यार देकर पूरा किया है। गौरैया ने भी वायदा निभाया है और लोगों के घर-आँगन, बालकनी, छत पर आकर अपनी चहचहाहट से अपनी वापसी का अहसास करा दिया है। सफलता की कई कहानियाँ हैं।

बिहार, दिल्ली, गुजरात, राजस्थान, ओड़िशा, केरल, तमिलनाडु, मध्य प्रदेश, महाराष्ट्र, कश्मीर, यों कहें देश का हर कोना गौरैया को बचाने को लेकर पहल करता दिख रहा है। कोई घोंसला (बॉक्स) बाँट रहा है तो कोई दाना, आहार घर (फीडर बॉक्स), पानी का बरतन (सकोरा)। पिछले कुछ सालों में, खासकर देश भर में जागरूकता की जो लहर चली, उसका फायदा यह हुआ कि लोग जुड़ते चले गए और पक्षियों का संसार बनता/बढ़ता चला जा रहा है।

इंद्रप्रस्थ एक्सटेंशन, दिल्ली के एक अपार्टमेंट में रहनेवाले भवेश नंदन झा ने पहल कर अपने घर में गौरैया को वर्ष 2022 में वापस बुलाया। उनके बालकनी में गौरैया चहकती-फुदकती रहती है। दाना खाती है, पानी पीती है, साथ ही घोंसले में रहती है। दो जोड़े ने अपना आशियाना भी बनाया। एक ने अंडे दिए, उसके दो बच्चे भी हैं। दूसरे ने एसी के लिए बने होल में घोंसला बना लिया है और सृजन में लगा है। गौरैया के आने-रहने से भावेशजी बहुत उत्साहित और आनंदित हुए। उनका बेटा उनसे भी ज्यादा खुश और उत्साहित हुआ। गौरैया को देख उसके चेहरे खिल उठते। दाना-पानी और बॉक्स लगाने के साथ थोड़ा सा प्यार देने से उनके घर गौरैया के अलावा दर्जनों दूसरी चिड़िया भी आने लगीं।

'विश्व गौरैया दिवस-2022', 20 मार्च का विषय ही 'आई लव स्पैरो' रखा गया। पिछले कई सालों से इस एक ही विषय पर इस दिन को मनाया जा रहा है, ताकि लोग जुड़ें और लोग जुड़े भी, बल्कि लगातार जुड़ रहे हैं।

घरेलू गौरैया का कम होना हमारे पर्यावरण के लगातार हो रहे क्षरण के कारण है। इसकी संख्या कम होने से जैव विविधता पर भी नकारात्मक प्रभाव पड़ रहा है। ऐसे में उजड़ते बाग-बगीचा-पेड़ को लगाने की पर्यावरणविदों की पहल भी रंग दिखा रही है। गौरैया छोटे और झुरमुठ वाले पेड़ों पर बैठना पसंद करती है। ऐसी कई कहानियाँ हैं, यानी दाना-पानी और बॉक्स लगाने के साथ थोड़ा सा प्यार दिया और गौरैया आ गई!

गौरैया की घर वापसी में दाना-पानी की भूमिका अहम है। देश भर में गौरैया सहित अन्य चिड़िया को बचाने के लिए हर गरमी के मौसम में पानी रखने की खास अपील होती रहती है। इस बार भी गरमी में पानी रखने की अपील चारों ओर गूँज रही है। बिहार की राजकीय पक्षी को तपती गरमी से बचाने के लिए आपदा प्रबंधन विभाग, बिहार सरकार भी आगे आया है। लोगों से पक्षियों की प्यास बुझाने के लिए छतों पर मिट्टी के बरतन में पानी रखने की अपील कर रहा है। बिहार सरकार के आपदा प्रबंधन विभाग ने पक्षियों को लू से बचाने के लिए लोगों से अपील की है कि वे घरों एवं कार्यालयों की छतों पर मिट्टी के बरतन में पानी की व्यवस्था करें। आम-खास लोग भी लोगों से अपने घर की छत पर, बालकनी, झरोखे, बरामदे, गार्डन में चिड़ियों के लिए पानी रखने और दूसरों को भी प्रेरित करने की अपील कर रहे हैं, क्योंकि पानी की कमी से चिड़ियों की मौत हो रही हैं। गरमी में पानी की तलब बढ़ जाती है, लेकिन हर दिन, हर मौसम में गौरैया सहित दूसरी चिड़ियों के लिए पानी रखना चाहिए। पानी के साथ-साथ आहार में दाना भी रखना चाहिए। चिड़ियों के सामने आहार का भी संकट खड़ा है।

गौरैया संरक्षण में घोंसले की भूमिका भी अहम है। दिल्ली के राकेश खत्री, आकाश दत्त, गुजरात के जगत किनखाबवाला, बिहार के निशांत रंजन, सुशील कुमार, संजय कुमार, सोनू, राहुल मुकेश, आशा देवी, ओडिसा की दीपा नायक, छत्तीसगढ़ के संजय शाहू, उत्तर प्रदेश में राहुल कुमार, अरविंद कुमार सहित हजारों लोग दाना-पानी रखने एवं घोंसला (बॉक्स) लगाने की मुहिम चला रहे हैं। गौरैया के सामने आवासीय संकट को दूर करने के लिए

गौरैया के आवास के लिए बॉक्स शहर और गाँव में लगाए जा रहे हैं। इस काम में हजारों लोग जुड़े हैं। कोई एक- दो, तो कोई सैकड़ों घोंसले लगा रहे हैं। कोई नि:शुल्क, तो कोई खरीदकर लगा रहा है।

देखा जाए तो गौरैया की वापसी में पेड़ की भूमिका भी अहम है। अभियान से जुड़े लोग गौरैया सहित दूसरी चिड़ियों के लिए पेड़ लगाने का आह्वान करते आ रहे हैं। इस दिशा में कारगर काम हुआ है। नीम, पीपल, तुलसी, राष्ट्रीय जंगल बचाव, वृक्ष प्रहरी, पर्यावरण, वन एवं जलवायु परिवर्तन विभाग/मंत्रालय सहित तमाम पर्यावरण बचाव से जुड़े लोग/संस्था पेड़ लगाव अभियान को गति दे रहे हैं, ताकि ज्यादा-से-ज्यादा पेड़ लगें और गौरैया सहित अन्य पक्षी पेड़ पर बैठें और प्रकृति में रहें। गौरैया संरक्षण का अलख जागने से फायदा यह हुआ कि दूसरी चिड़ियों का भी संरक्षण होने लगा। दाना-पानी रखने और बॉक्स लगाने से दूसरी चिड़िया भी आने-दिखने लगी। बहरहाल, जब तक लोग इस मुहिम से नहीं जुड़ेंगे, तब तक पक्षियों को लाभ पहुँचाना संभव नहीं हो पाएगा। यकीन मानिए, जब आप अपने बरतन से उनको पानी पीते हुए और आपके लगाए पेड़-बॉक्स पर चिड़िया आएगी तो आप उसे देखेंगे तो फिर आपको बहुत आत्मिक शांति मिलेगी।

□

# 4

# और आ गई गौरैया...

20 मार्च, 2010 को 'विश्व गौरैया दिवस' की शुरुआत जब हुई थी, तब से गौरैया संरक्षण को लेकर गोलबंदी दिखती है। इसलिए कि गौरैया, खासकर घरेलू गौरैया के गाँव और शहरों से विलुप्त होना या कम होना या गायब होना या फिर पलायन करने का सवाल सामने आया। शहर में एक मोहल्ले में दिखती है, दूसरे में नहीं। एक शहर या गाँव से गायब है, तो दूसरे

शहर या गाँव में दिखती है। स्टेट ऑफ इंडियंस बर्ड्स 2020 रेंज, ट्रेंड्स और कंजर्वेशन स्टेटस की रिपोर्ट ने गौरैया पर सर्वे किया और बताया कि भारत में 25 साल से गौरैया विलुप्त नहीं, बल्कि स्थिर है। तो फिर, सवाल हिचकोले मारने लगा कि यह हर जगह दिखती क्यों नहीं है? कुछ लोग कहते हैं, पहले हमारे यहाँ दिखती थी, अब नहीं दिखती। कुछ लोग कहते हैं कम हो गई हैं। रिपोर्ट की मानें तो संख्या कम हुई है तो मेट्रो शहरों में। वजह भी बताई कि आवासीय संकट, आहार की कमी, कीटनाशक का प्रयोग आदि-आदि। कमी के पीछे मोबाइल टॉवर के दोषी होने का कोई पुख्ता सबूत नहीं मिला है।

तो चलिए गौरैया के दिखने या नहीं दिखने, यानी प्रवास/अधिवास पर बात करते हैं। देखते हैं, जहाँ दिखती है और नहीं दिखती है या गायब हो गई, तो क्या आकलन हो सकता है? गौरैया संरक्षण से जुड़े साथियों की आकलन रिपोर्ट बिहार के कुछ शहरों/गाँवों का अध्ययन है। पटना शहर को ही लेते हैं। यहाँ तेजी से अपार्टमेंट संस्कृति ने शहर को अपने कब्जे में ले रखा है। हर ओर बहुमंजली इमारत खड़ी हो चुकी हैं। इसके बावजूद, पुराने और छोटे घर भी हैं। मोहल्ले बरकरार हैं, लेकिन ये सिमटते जा रहे हैं। पुराने मोहल्ले में भी अपार्टमेंट संस्कृति प्रवेश कर चुकी है। फूस और खपरैल घर नहीं के बराबर हैं। विकास ने छोटे-बड़े पेड़ों को रौंद डाला है। घरों के आगे-पीछे बाग-बाड़ी नहीं के बराबर हैं। कई मोहल्ले में सिर्फ घर ही घर हैं, बाग-बाड़ी-बगीचा-पेड़ नहीं हैं। पटना के पुराने इलाकों में कंकड़बाग के हनुमाननगर, अशोक नगर, चाँदमारी रोड, खासमहल, चिरैयाटांड़, संजय नगर, पटना सिटी सहित कई मोहल्लो में गौरैया दिखती/रहती हैं। इन इलाकों में पेड़ों की संख्या नहीं के बराबर हैं। घर एक-दूसरे से सटे हुए हैं। खपरैल एवं फूस के घर न के बराबर है, फिर भी गौरैया इन इलाकों में वर्षों से रहती हैं। कंकड़बाग के डॉक्टर कॉलोनी, पीसी कॉलोनी के कई इलाकों में गौरैया दिखती एवं रहती है। यहाँ पेड़ हैं, लेकिन ज्यादा नहीं हैं। इसकी वजह साफ है, गौरैया एक घरेलू पक्षी है, जो स्वभाव से मनुष्यों के बीच ही रहती है। यहाँ इसे अमूमन हर घर के आगे-पीछे, गली, रास्ते में दाना-पानी यानी आहार मिल जाता है

और आवास भी। घरों के सटे रहने से आराम से कहीं खोह देख बैठ जाती है। अंडे देने के लिए किसी के घर के अंदर बाथरूम के पाइप के पीछे तो कोई वेंटिलेशन में। कई घर बंद भी रहते हैं, तो ये वहाँ रहने लगती हैं। पेड़ की कमी बिजली के तार और लटकते केबल दूर करते हैं। इन पर यह बैठी दिखती है।

घरेलू गौरैया हाउस स्पैरो पेड़ पर बैठती जरूर है, लेकिन घोंसला नहीं बनाती है। घोंसले के लिए इनसान के घरों को ही पसंद करती है। बिहार, पटना, कंकड़बाग के डॉक्टर्स कॉलोनी में सैकड़ों गौरैया झुंड में रहती, उड़ती हैं और शाम होते ही आसपास के छोटे-बड़े पेड़ों पर रात गुजारने के लिए बैठ जाती थी। एक छोटे अपार्टमेंट के आगे लगे गुलमोहर के पेड़ पर 2016 तक सैंकड़ों गौरैया झुंड में शाम में आती और बैठ जाती थी, लेकिन 2017 में जब एक पैथलैब ने अपना जनरेटर सेट लगा दिया तो उसके धुआँ और आवाज से होते प्रदूषण को देखते हुए गौरैया उस पर बैठना छोड़ दी, बल्कि उस इलाके में वह झुंड सैकड़ों की संख्या अब नहीं दिखती, जो पहले दिखती थी, हालाँकि, इलाके में गौरैया आज भी है। अब इनका झुंड 25 से 50 तक का हो गया है। क़भी-कभी संख्या बढ़ जाती है और घट भी जाती है, लेकिन वे लगभग 15 साल से भी ज्यादा वक्त से इस इलाके में हैं। इस इलाके में हर ओर अपार्टमेंट ही हैं। साथ ही छोटे-बड़े कई पेड़ भी हैं। दूसरी ओर कंकड़बाग इलाके में रेनबो मैदान के आसपास बहुत सारी गौरैया रहती हैं। वजह यहाँ मैदान के एक हिस्से में छोटी-बड़ी झाड़ियाँ हैं। इस वजह से ये यहाँ अपना प्रवास बनाए हुए हैं। पास में घर हैं, लेकिन अपार्टमेंट नहीं, एक, दो, तीन मंजिल घर हैं। खटाल भी हैं, जहाँ कुछ गाय रहती हैं। वहीं, पटेल नगर में एक घर के हाते में एक शमी का पेड़ था। इस पर सैकड़ों गौरैया रहती थीं। खासकर शाम होते ही इस पर बैठ जाती थीं, लेकिन 2021 के जनवरी माह में पेड़ के सूख जाने के बाद उस पर अब नहीं आतीं, बल्कि अब उस इलाके में अब नहीं दिखती हैं। जाहिर है, पलायन कर गईं।

हाउस स्पैरो, यानी घरेलू गौरैया इनसान के घर में रहती और घोंसला बनाना पसंद करती है। अशोक नगर, पटना के एक मोहल्ले में गजेंद्र के घर

के अंदर बाथरूम में लगे पाइप के ऊपर गौरैया जोड़ा ने घास-फूस लगाकर घोंसला बनाया। अंडे दिए और तीन बच्चे भी हुए। बच्चे बड़े हो गए तो वह उड़ गई। वहीं, एन.टी.पी.सी. कॉलोनी बाईपास, पटना में लेखक अशोक कुमार के घर के अंदर वेंटिलेटर और गैरेज में लगे शटर के फाँक में कई गौरैया ने घोंसला बनाया और अंडे दिए। गौरैया के घोंसले को देखते हुए अशोक कुमार ने शटर को तब तक नहीं खोला, जब तक गौरैया के बच्चे उड़ नहीं गए। उनके बंद घर में बिजली के स्वीच बोर्ड के होल और वेंटिलेशन पर घास-फूस-तिनका रख गौरैया घोंसला बनाई। अंडे दिए, बच्चे निकले और फिर अपने परिवार के संग उड़ गई। संजय नगर में भी यही हाल दिखा। अशोक नगर के एक बंद घर में ये झुंड में रहती हैं।

बिहार राज्य के सुदूर दक्षिण में नवादा जिला स्थित हैं। रोहित कुमार बताते हैं कि जिले के वारसलीगंज प्रखंड के समीप ही एक गाँव हैं—'बेलधा'। दीपावली के समय पटना में रहनेवाले मेरे संग कुछ युवक छुट्टी में जब अपने गाँव गए तो अपने साथ गौरैया के लिए कुछ कृत्रिम घोसले ले गए, ताकि घरों में लगाया जा सके, लेकिन गाँव में बहुत खोजने पर भी एक भी गौरैया दिखाई ही नहीं दी, न ही उनके एक भी घोसले का पता चल पा रहा था। गाँव में पेड़ों की संख्या भी बहुत ज्यादा थी, कुछ घरों में गाय भी पाली गई थीं, जिससे वहाँ गोबर भी प्रचूर मात्रा में था और गाँव का मुख्य व्यवसाय भी कृषि थी, वहाँ जीवन निर्वाह कृषि पर ही किया जाता है। इतना उचित माहौल होने के बाद भी गौरैया का नामोनिशान नहीं था, फिर भी अत: में फैसला किया गया कि गाँव के मंदिर में घोंसला लगाया जाए, ताकि उनको भोजन-पानी भी मिल सके, क्योंकि किसी के घर मे तो वह रहती ही नहीं है। शाम में जब गाँव के बुजुर्गों ने देखा तो कौतूहलवश जानना चाहा कि यह क्या है ? जब युवाओं ने गौरैया के घर के बारे में बताया तो वे बहुत मायूस हुए। उन्होंने बताया कि लगभग 15-20 वर्ष पहले उनके घरों में भी गौरैया रहती थी, लेकिन जब से वे बाजार से दवाई (कीटनाशक) खरीदकर के खेत में डालने लगे, गौरैया समाप्त होती चली गईं। जहर के प्रयोग से कई गौरैया तो खेतों में ही प्राण त्याग दीं। कई

इलाके को छोड़ चली गईं। एक-दो वर्षों में ही गौरैया पूरे क्षेत्र से गायब हो गईं। अब वह कभी लौटकर नहीं आएगी, क्योंकि आसपास के 10 कोस के गाँव में भी गौरैया नहीं है, यानी यहाँ कीटनाशक ने गौरैया को पलायन के लिए मजबूर किया।

वहीं, बिहार राज्य के सुदूर उत्तर के पश्चिमी चंपारण जिले के बगहा प्रखंड से 10 किलोमीटर दूर स्थित एक गाँव हैं—'सिंगारी'। सिंगारी गाँव के प्रियदर्शन कुमार बताते हैं कि यह गाँव भी वर्तमान समय में भी काफी पिछड़ा हैं। प्रत्येक साल आनेवाली बाढ़ यहाँ की अर्थव्यवस्था को नष्ट करती है। इसके कारण इस गाँव के ज्यादातर घर खपरैल और मिट्टी से निर्मित हैं और यह पूरा गाँव बिहार की राजकीय पक्षी गौरैया के आवास के लिए प्रसिद्ध है। गौरैया यहाँ केवल रहती ही नहीं हैं, बल्कि लोगों के साथ खेलती-कूदती, खाती-पीती भी है। ग्रामीण की मानें तो वर्षों से इस गाँव का हर घर गौरैया के चहचहाहट से गुलजार है। यहाँ सालों भर गौरैया लोगों के घरों में स्थित घोसले में ही रहना पसंद करती हैं। उनकी चहचहाहट से ही सुबह और शाम होती हैं। वे यहाँ केवल पक्षी बनकर नहीं, बल्कि परिवार कीं सदस्य बनकर, पूरे हक के साथ रहती हैं। यहाँ आप उनको लोगों के साथ खाना खाते, बाइक साफ करते समय आसपास ही पाएँगे। गौरैया भी इतनी घुल-मिल गई हैं कि वे यहाँ के लोगों से डरती नहीं है, बल्कि ज्यादा सुरक्षित महसूस करती हैं। शहरीकरण का प्रभाव धीरे-धीरे यहाँ भी पड़ रहा है, अब कंक्रीट के घर बनने लगे हैं, फिर भी लोग गौरैया के लिए कृत्रिम घोसला लगाकर रखते हैं या वैसी जगह छोड़ते हैं, जहाँ गौरैया रह सके। गाँव के लोग ज्यादा पढ़े-लिखे नहीं हैं, इसलिए गौरैया संरक्षण के विषय में ज्यादा नहीं जानते हैं, फिर भी वे इसकी सेवा परिवार के सदस्य के रूप में करते हैं, यानी गाँव के लोगों ने गौरैया को प्यार के साथ परिवेश दिया।

बिहार राज्य के सिवान जिले में एक गाँव हैं, गुठनी। बृजेश कुमार गुप्ता और उदयभान बताते हैं, 'सरयू नदी के किनारे और हरियाली युक्त होने के कारण आरंभ से ही यहाँ गौरैया का निवासस्थान रहा है। उत्तर प्रदेश सीमा

पर स्थित होने के कारण यहाँ हमेशा चहलकदमी होती रहती है। वर्ष 2008 के पूर्व यहाँ गौरैया बड़ी संख्या में पाई जाती थी। लगभग हर घर इसकी चहचहाहट से गुलजार रहता था, लेकिन धीरे-धीरे यहाँ स्थिति बदलनी शुरू हुई। गौरैया की कमी के पीछे यहाँ बहेलिए हैं। बड़ी संख्या में गौरैया को बहेलियों ने पकड़कर 'बगेरी' के नाम पर बेचना शुरू कर दिया। यहाँ के आम लोग गौरैया को मारने या पकड़ने के सर्मथक नहीं थे, वे लोग उसको अपने घर की लक्ष्मी मानते हैं और कभी कभी तो बहेलियों से भिड़ जाते थे, लेकिन जागरूकता और प्रशासनिक उदासीनता के कारण धीरे-धीरे लोगों ने भी इस पर ध्यान देना छोड़ दिया। धीरे-धीरे गौरैया विलुप्ति की ओर अग्रसर होने लगी। हाल के दिनों में इनकी संख्या हजारों से घटकर सैकड़ों में बदल गई और आज जो थोड़ी बहुत बची हैं, वे लोगों के घर में ही दिखाई देती हैं। यहाँ 2020 में युवाओं ने गौरैया संरक्षण की मुहिम शुरू की।

बिहार राज्य में सिवान जिले के भगवानपुर हाट प्रखंड में रहनेवाले राहुल कुमार को बचपन से गौरैया से गहरी दोस्ती हैं, स्वयं खाना खाते समय उनको भी खाना खिलाना उसकी दिनचर्या का हिस्सा था। आरंभ में गौरैया के झुंड का आवास राहुल के घर में था, हर सुबह उनकी मधुर आवाज से घर गुलजार रहता था, साथ ही पूरे गाँव का हर एक घर गौरैया के घरों से गुलजार रहता था, लेकिन वर्ष 2010 में गाँव के घरों में रंग-रोगन के कार्य में अब चूने की जगह डिस्टपर रंग का प्रयोग किया गया, ताकि बार-बार के पेंट के झंझट से मुक्ति मिल सके, लेकिन धीरे-धीरे इसका विपरीत प्रभाव देखने को मिलने लगा। गाँव के सभी घरों से गौरैया विलुप्त होने लगी। राहुल बताते हैं, वह आँगन में आती थी, चहचहाती थी, लेकिन अब घरों की जगह बाहर के छोटे-छोटे पेड़ों (अमरूद/अनार/नींबू/शमी आदि) पर रहना शुरू कर दिया है। धीरे-धीरे समय बीतता गया, वर्ष 2020 में इलाके में भीषण बाढ़ आई, कई महीनों तक पूरा इलाका डूबा रहा, परिणामस्वरूप लगभग सभी छोटे पेड़ (अमरूद/अनार/शमी आदि) सूख गए, जिसके कारण गौरैया एक बार फिर से वपास घरों में लौटने लगी। पिछले दो साल में वह पुन: उन्हीं घरों

में घोंसला बनाने लगी और पहले की तरह रहने लगी। गाँववालों को थोड़ा आश्चर्य हुआ, क्योंकि रंग-रोगन का कार्य तो हमेशा चलता रहता हैं, शायद गौरैया ने ही अब खुद को उन रंगों के अनुकूल बना लिया है।

दूसरी ओर, बिहार के सुदूर पूर्व में स्थित पूर्णिया जिले के जयकृष्णपुर कटहा गाँव, गौरैया के लिए सुरक्षित स्थानों में से एक रहा है। यहाँ गौरैया के प्रति लोगों में जागरूकता बढ़ाने का काम अदिति रॉय के द्वारा किया जा रहा है। वे बताते हैं, 'इस क्षेत्र में गौरैया मुख्यतः खेतों में या नदियों के आसपास की घास की झाड़ियों में रहना पसंद करती है। लोगों के घरों के आँगन में वे दाना चुगने के लिए हमेशा मौजूद रहती हैं, लेकिन शाम होते ही, वे खेतों के आसपास खरपतवार की झाड़ियों में लौट जाती हैं। बीते दिनों से अब गाँव में भी पक्के मकान बनने लगे हैं, जिसमें आँगन का कोई स्थान नहीं रहता है, जिसके कारण उनका घरों में आना लगभग कम हो गया था, लेकिन अब स्थिति में थोड़ा बहुत सुधार है। जागरूकता आने के बाद अब लोग अपने घरों के आसपास उनके लिए दाना रखने लगे हैं, जिसके कारण उनके भोजन की समस्या कुछ हद तक कम हुई हैं। लेकिन अब नदी किनारे भी घर बनने लगे हैं, जिसके कारण अब उनका वह आशियाना भी धीरे-धीरे छिन रहा है। सच भी है, कोसी के क्षेत्र में घास की झाड़ियों में गौरैया प्रवास बनाती है और आहार मिलने से वापस भी आई।'

बिहार राज्य के सारण जिले के मरहौरा में गौरैया विलुप्त होने के कगार पर पहुँच चुकी थी, लेकिन आम लोगों में आई जागरूकता के कारण इसमें परिवर्तन आना शुरू हुआ। 'पर्यावरण योद्धा' के अध्यक्ष निशांत रंजन, जो गौरैया संरक्षण में लंबे समय से जुड़े हैं, कहते हैं, '10 वर्ष पूर्व यहाँ के शमी, नींबू, मालती आदि के पेड़ गौरैया से गुलजार रहता था, लेकिन बीते वर्षों में ज्यादातर पेड़ों के कट जाने के बाद, वे धीरे-धीरे विलुप्त होने लगी, बाजार के आसपास से तो लगभग गायब हो गई थी, लोग भी धीरे-धीरे उसे भूलने लगे थे, लेकिन 2019 के आसपास मैंने अपने घर पर एक कृत्रिम घोसला लगाया, कुछ ही दिन में उसमें गौरैया के जोड़े ने अपना आशियाना बना लिया, इसे

देखकर, पूरे क्षेत्र में बच्चों में एक जुनून जैसा आया और बच्चों को जो-जो मिलता, उससे घोसला बनाना शुरू कर देते, इसमें ज्यादातर घोसले कार्टून के होते हैं, इसके परिणामस्वरूप गौरैया की संख्या में तेजी से वृद्धि होने लगी। जहाँ पहले 4-5 गौरैया रहती थी, अब वह 10-15 गौरैया दिखना सामान्य बात होने लगी। आज मरहौरा के प्रत्येक पाँच में से एक घर में गौरैया के घोसले जरूर हैं। कहीं कार्टून के तो कहीं बाँस के, तो कहीं-कहीं प्लाई या मिट्टी के भी। बच्चों को घोसले के प्रवेश रास्ते (छिद्र) के बारे में जानकारी नहीं होने के कारण कुछ के छिद्र बड़े हो गए थे, जिसमें मैना, खासकर ब्राह्मणी मैना ने घर में घोंसला बनाया। आज पूरा क्षेत्र गौरैया से गुलजार रहता है, क्षेत्र के ज्यादातर लोगों को सरकारी राशन आसानी से मिल जाता है, जिसके कारण वे लोग दाना भी प्रचुर मात्रा में रखते हैं। एक छोटी से कोशिश हुई थी, जिसका परिणाम आज काफी सुखद दिखता है।'

पटना जिले के मनेर थाना स्थित बलुआ गाँव गौरैया के लिए स्वर्ग से कम नहीं हैं। यहाँ के लोगों ने आज से 30-40 साल पहले से ही गौरैया संरक्षण की शुरुआत अपने स्तर से कर दिया था। इलाके के प्रमुख गौरैया संरक्षक प्रतीक कुमार बताते हैं कि उनके जन्म से बहुत पहले उनके पुराने घर के आँगन में अनार का पेड़ था, जो गौरैया का अपना घर था। इस पर बैठी रहती थी, लेकिन जब पुराने मिट्टी के घर को तोड़कर नए पक्का मकान का निर्माण हुआ, तभी से गौरैया उन लोगों के घर को छोड़कर चली गई। यह देख उनके दादाजी को बहुत दुःख हुआ। कुछ दिन के बाद उनके बगीचे से कुछ पुराने सूखे पेड़ों को हटाने का काम हो रहा था तो दादाजी ने उन लकड़ियों का प्रयोग गौरैया के लिए 50 से भी अधिक घोसले बनावाकर किया और पूरे घर में लगाए। देखते-ही-देखते गौरैया पुनः घर में लगे घोसलों में अपना आशियाना बनाने लगी। परिवार ने भी उनका दिल खोलकर स्वागत किया। समय के साथ वे लकड़ी के बने घोसले टूटने लगे, तो बाद में हाँडी या सुराही टाँगने लगे। गौरैया ने प्यार से उसे अपनाया भी। प्रतीक बताते हैं कि 'गौरैया पहले से कम तो हुई है, लेकिन आज भी अच्छी संख्या में हमारे घर में रहती

हैं। वह हमारे साथ ही हमारे खाने की प्लेट के पास आकर खाती हैं। जब बरतन धोने के लिए नल के पास रखते हैं तो वह झुंड में बचा हुआ खाना खाती हैं। गौरैया बेहिचक, निडर होकर, हमारे घरों में घूमती हैं। हम सब भी उनको अपने परिवार का हिस्सा ही समझते हैं, वे भी हम सब पर पूरा विश्वास करती हैं। हम सब अलग न होकर, बल्कि एक-दूसरे के पूरक हैं। आज लगभग तीन पीढ़ियों से हमारे परिवार का एक-एक सदस्य अपने परिवार की तरह गौरैया की सेवा करते हैं।'

ऐसी कई कहानियाँ हैं, जो गौरैया संरक्षण के लिए अहम् हैं। 'दाना-पानी-बॉक्स और थोड़ा सा प्यार' अभियान का असर दिख रहा है, जो स्वत: भी है और चलाया भी जा रहा है। सैकड़ों लोगों ने बताया कि उन्होंने पहल की और उनकी पहल से उनके घर-आँगन में रुठी गौरैया के साथ-साथ दूसरी चिड़िया भी दाना-पानी और बॉक्स में आने लगीं। बिहार की राजधानी पटना का बोरिंग रोड का इलाका कंक्रीट का जंगल है, लेकिन एक अपार्टमेंट की तीसरी मंजिल पर रहनेवाली उमा रानी का घर गौरैया सहित अन्य चिड़ियों का बसेरा बना हुआ है। सुबह से शाम तक इनकी चहचहाहट से गुंजयमान माहौल से उमाजी के चेहरा खिलखिला उठता है। छह माह पहले एक गौरैया क्या, किसी चिड़िया की चीं-चीं भी नहीं सुनाई पड़ती थी, लेकिन आज 25 से 30 गौरैया तो आती ही हैं, साथ में तोता, मैना, पंडुक आदि भी आते हैं, उमाजी के घर रुठी गौरैया का आना 'दाना-पानी-बॉक्स और थोड़ा सा प्यार', मुहिम से साकार हुआ है।

रेलवे स्टेशनों पर गौरैया को झुंड में प्रवास करते देखा जा सकता है तथा खासकर पुराने रेलवे स्टेशनों पर सहजता से मिलती है। पटना रेलवे स्टेशन पर इन्हें देखा जा सकता है। रेलवे स्टेशन के सभी प्लेटफॉर्म पर, जो शेड लगे रहते हैं। इमारत भी खुल्ली-खुल्ली होती हैं, जहाँ ये रहती हैं। रेलवे स्टेशन रहने और सुरक्षित जगह तो है ही, साथ ही उन्हें भरपूर आहार सहज मिल जाता है। रेलवे ट्रैक पर यात्रियों द्वारा फेंके भोजन से आहार और पानी के पाइप से इन्हें पानी मिल जाता है, तो वहीं स्टेशन के पास गोदाम से भी

गिरा हुआ अनाज मिल जाता है, यानी रेलवे स्टेशन और आसपास आवास, दाना और पानी के साथ सुरक्षा का पूरा इंतजाम गौरैया का ठिकाना बनाता है, हालाँकि, स्टेशनों का भी आधुनिकीरण हो रहा है। इमारतों को बेहतर बनाया जा रहा है, फिर भी गौरैया को शेड के अंदर जगह मिल जाती है। यहाँ पेड़ नहीं होने से फर्क नहीं पड़ता है, बिजली के तार पर यह बड़ी संख्या में बैठती हैं। यह पूरा दृश्य देखने लायक होता है, जो अमूमन देश भर में दिखता है।

यह अलग बात है कि कहीं गौरैया दिखती है तो कहीं कबूतर या मैना या फिर दूसरी चिड़ियाँ, लेकिन गौरैया को वापस बुलाने के लिए दाना-पानी थोड़ा सा प्यार देने और करने से तसवीर बदली है और बदलेगी।

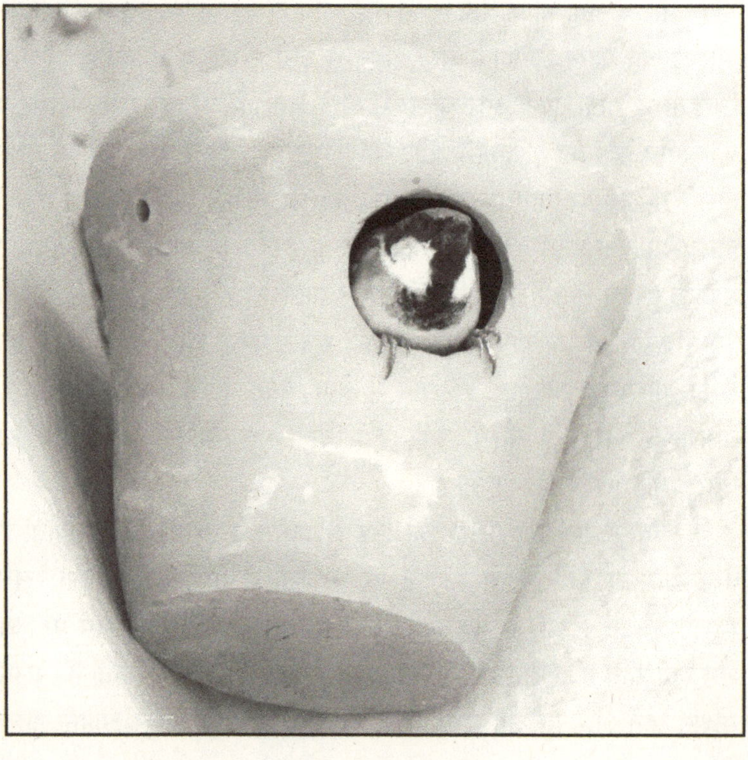

□

5

# घोंसला लगाकर करें गौरैया का संरक्षण

हर साल इन नवंबर से अगस्त तक घरेलू गौरैया सृजन में जुटी रहती है। आवासीय संकट को देखते हुए इनके लिए बॉक्स, यानी घोंसला लगाएँ और इनका संरक्षण करें। गौरैया जैसे-तैसे घोंसला बनाती है,जब अंडे देने का समय आता है, गौरैया इनसान के घरों या आसपास में घोंसला बनाने में

जुट जाती है। जगह का मुआयना करने के बाद ही यह घोंसला बनाती है। ज्यादातर खोह या वैसी जगह पर घोंसला बनाती है, जहाँ कौआ-चील-बाज जैसे हमलावर पक्षी की पहुँच नहीं हो और उसमें केवल वही प्रवेश कर पाए। अमूमन नवंबर माह से जोड़ा बनाने के साथ ही अंडे देने के लिए घोंसला बनाने लगती है।

इनसान के घर इसके लिए बेहतर होते हैं। इनसान भी अपने घरों में गौरैया के आने और घोंसला बनाने को शुभ मानता है। गौरैया, इनसान के घर के अंदर प्रवेश कर वेंटीलेशन, पंखा में लगे कैप, बाथरूम का पाइप, विंडो एसी के नीचे या खोह में यह घास-फूस-तिनका को लाकर रख देती है, जो काफी हलके और मुलायम होते हैं। गाँव में फूस का घर इनकी बेहतर जगह है। शहरों में ये दुकान और मोटर गैरेज के शटर के ऊपर या अंदर घास-फूस-तिनका रख घोंसला बना लेती है।

खपरैल का घर इनके रहने के लिए बहुत सुरक्षित होता है, क्योंकि इसमें बड़े हमलावर पक्षी का खतरा नहीं होता है। केवल साँप और बिल्ली से खतरा होता है। साँप खपरैल में प्रवेश कर अंडे को या बच्चे को खा जाता है। बिल्ली भी कभी-कभी झपट्टा मारती है, लेकिन जब मादा अंदर रहती है तो नर बाहर रहकर रखवाली करता है, यानी दोनों अंडे या बच्चे की रखवाली करते हैं। इसलिए ये इनसान के घर और उसकी नजर के सामने रहती है। इनसान भी इससे प्रेम करता है और इसके ऊपर हमले के दौरान सुरक्षा देता है।

पिछले कुछ सालों में शहरों में गौरैया की कम होती संख्या पर चिंता प्रकट की जा रही है। आधुनिक होते जीवन और बहुमंजिली इमारतों में गौरैया को रहने के लिए पुराने घरों की तरह जगह नहीं मिल पाती है, तो वहीं सुपर मार्केट संस्कृति के कारण पुरानी पंसारी की दुकानें भी घटती जा रही हैं। इससे गौरैया को रहने को जगह और दाना नहीं मिल पाता है। शहरों में वेंटीलेशन या आवासीय कमी की वजह से गौरैया संरक्षण में लगे लोग, लोगों को बॉक्स लगाने की सलाह देते हैं। बॉक्स में भी गौरैया आती है और घोंसला बनाती है।

गौरैया के घोंसला में कोई तकनीक नहीं होता है। बस सुरक्षित जगह

देख यह घास-फूस-कोमल पत्ते लाकर रख घोंसला बना लेती है। घोंसला बन जाने के बाद उसमें अंडे देती है। बच्चे के निकलने और उसके उड़ने तक गौरैया जोड़ा एक-एक कर घोसला के पास हमेशा रहते हैं। एक बार जब बच्चे निकल जाएँ तो दोबारा अंडे देने के लिए घोंसला के ऊपर फिर से घास-फूस डालकर घोंसले को ठीक-ठाक कर नया बना देते हैं।

रुठी गौरैया का आवास छीन हमने खुद से उसे दूर कर दिया है। ऐसे में हमें ही पहल करनी होगी और उसे वापस बुलाने के लिए आवासीय व्यवस्था देनी होगी। घर-आँगन-बालकनी-छज्जे के नीचे बॉक्स लगाना होगा या फिर उसके आवास के लिए घरों में सुराख/खोह बनाना होगा। रोहतासगंज के अर्जुन सिंह ने अपने घर की दीवार पर सैकड़ों छेद करवा दिए हैं, जहाँ हजारों गौरैया रहती है, वहीं बिहार सहित देश भर में लोगों ने अपने-अपने घरों में लकड़ी, फ्लाई, मिट्टी और गत्ते का घर बनाया है, जहाँ गौरैया रहती हैं। अमूमन अंडे देने के लिए गौरैया को आवास, यानी घोंसला की जरूरत पड़ती है। आप अपने घरों में लकड़ी, फ्लाई, मिट्टी और गत्ते का बॉक्स लगा सकते हैं। अगर लकड़ी, फ्लाई, मिट्टी आदि के बॉक्स में परेशानी हो तो जूते का बॉक्स या कोई भी डिब्बा, प्लास्टिक छोड़कर लगा दें। बॉक्स सुरक्षित स्थान पर लगाएँ, जहाँ कौआ, बाज, चील जैसे हमलावर पक्षी की पहुँच न हो, साथ ही बिल्ली की पहुँच से भी दूर रखें। कोशिश करें कि बॉक्स को छज्जे के नीचे ऊँचे पर लगा दें या वेंटीलेशन के पास। बॉक्स को पानी-धूप से बचाकर रखें, उसका प्रवेश द्वार सीधे धूप की रोशनी में नहीं रखें। ध्यान रहे, बॉक्स में चिड़िया के लिए प्रवेश द्वार का सुराख 32 एम.एम. या दो इंच की गोलाई का हो। ज्यादा बड़ा छेद होने से हमलावर पक्षी को हमला करने में आसानी हो जाएगी, वहीं दूसरी चिड़िया घर में आवास बना लेगी। कुछ लोग घोंसला को पेड़ पर लगा देते हैं, जहाँ बिल्ली और हमलावर पक्षी आसानी से आ जाते हैं। इससे बचने की जरूरत है।

इनसानों का घर इनका बसेरा हुआ करता है, लेकिन कंक्रीट के जंगलों ने इनके लिए इनसानों के घरों में आवासीय संकट पैदा कर दिया है। आवास

की खोज में यह पलायन कर जा रही हैं। गाँव में भी तेजी से बनते कंक्रीट के मकानों ने गौरैया से उनका बसेरा छीन लिया है। कई गाँवों से गौरैया के गायब होने का एक कारण यह भी माना जाता है। इतिहास हैं गवाह भी है कि पूरे विश्व में जहाँ-जहाँ मनुष्य गया, वहाँ-वहाँ गौरैया भी गई। इनसान जहाँ-जहाँ गया, देर-सबेर गौरैया के जोड़े वहाँ रहने पहुँच ही जाते हैं। इनसान के घर में ही ये अपना घोंसला बनाते हैं, इसलिए इसे घरेलू गौरैया कहा जाता है। तो आइए पहल करें और बॉक्स लगाएँ!

□

# 6

# गौरैया संरक्षण और नेचर ऑडिट हर दिन हो

'विश्व गौरैया दिवस' 20 मार्च को पूरा देश एक होकर नन्ही सी जान को बचाने के लिए एकजुट हो जाता है। गौरैया को बचाने के लिए सरकारी, गैर सरकारी और व्यक्तिगत पहल के तहत बच्चे, युवा, बड़े, बुजुर्ग आगे आकर गौरैया मैराथन में दौड़ते हैं। गौरैया के लिए घर, दाना घर, पानी का बरतन लोगों के घरों में लगाते हैं। फोटो प्रदर्शनी, कहानी, कविता, गीत गाए जाते हैं और वेबिनार-सेमिनार आयोजित करते हैं। वहीं, मीडिया भी

गौरैया संरक्षण अभियान को खूब उछालती है। ऐसी तसवीर फिजा में बनती है कि अब तो रुठी गौरैया को वापस आना ही होगा। सभी यह प्रण भी लेते हैं कि हर हाल में हम अपने घरों में उनके लिए अनुकूल वातावरण बनाएँगे और उनका संरक्षण करेंगे।

'विश्व गौरैया दिवस' के दिन हर ओर गौरैया ही गौरैया दिखने लगती हैं। जीवंत और आभासी गौरैया संरक्षण की तसवीर में सुनहरा, सुखद अहसास का पुट लोगों को गोलबंद करता है, लेकिन सवाल और संवाद भी सामने आते हैं। सिर्फ एक दिन दिवस, गौरैया संरक्षण अभियान न हो, बल्कि हर रोज हो। इसी मकसद से 'विश्व गौरैया दिवस' की कल्पना भी की गई थी, लेकिन एक बात साफ दिखी कि पिछले कुछ सालों की तुलना में 2021 में व्यापक स्तर पर, हर प्लेटफॉर्म पर, गौरैया संरक्षण की वकालत हुई। ऐसे में 'नेचर ऑडिट' का सवाल भी सामने आया। प्रकृति के संतुलन के लिए आहार चक्र बनाए रखे जाने की आवश्यक सामने आई तो सभी जीव-जंतुओं के संरक्षण का भी सवाल उठाना स्वाभाविक है। पी.आई.बी. राँची के अपर महानिदेशक अरिमर्दन सिंह की मानें तो प्रकृति से हम हवा, भोजन और पानी के अलावा अपनी विलासिता के लिए न जाने कितनी वस्तुएँ लेते हैं, पर क्या हम प्रकृति को उसके बदले कुछ देते हैं? हमें इस बात पर गंभीरता से विचार करना चाहिए। इसके लिए हमें हर दिन 'नेचर ऑडिट' करना चाहिए कि हमनें प्रकृति से क्या लिया और उसके बदले प्रकृति को क्या दिया?

नेचर ऑडिट में गौरैया संरक्षण को देखें तो साफ है कि गौरैया हमें बहुत कुछ देती है। इकोसिस्टम में इसकी भूमिका अहम है। प्रकृति में इकोसिस्टम के तार खूब टूटे हैं। कटते पेड़, उजड़ते जंगल, बढ़ते प्रदूषण ने पर्यावरण को बदरंग बना दिया है। जीव-जंतु के साथ-साथ इनसान खतरे में हैं। कई जीव-जंतु तो विलुप्ति की 'लाल सूची' में आ गए हैं। नेचर फॉर एवर सोसाइटी, के अध्यक्ष मोहम्मद दिलावर, जिन्होंने गौरैया संरक्षण अभियान को मजबूती प्रदान की है, कहते हैं, 'गिद्ध आज विलुप्ति की कगार पर हैं, पर ऐसा गौरैयों के साथ नहीं होगा। शुरुआत में जब हम लोग गौरैया बचाने की बात करते थे,

लोग हमें पागल समझते थे, पर लगातार प्रयास से लोगों की मानसिकता में बदलाव आया और लोग इस छोटे से पक्षी के संरक्षण के लिए आगे आ रहे हैं। नई पीढ़ी के कई बच्चों ने गौरैया नहीं देखी है, हमारे भविष्य भी ये युवा हैं, इसलिए आज के युवाओं को भी इनके संरक्षण के लिए आगे आना चाहिए। 'विश्व गौरैया दिवस' लोगों के लिए अभियान बन चुका है।'

सच है, गौरैया को बचाना है तो दिवस के दिन मैराथन, घोंसला, दानाघर, पानी बरतन बाँटनेवालों, फोटो प्रदर्शनी, कहानी, कविता, गीत गाएँ, वेबिनार–सेमिनार से जुड़नेवालों को खुद से इनके लिए अनुकूल आश्रय बनाने होंगे। हर दिन छतों पर मिट्टी के छोटे बरतन में पानी, दाना, इनके रहने के लिए घोंसले या दीवारों में सुराख की व्यवस्था करनी चाहिए, जहाँ ये रह सकें। यदि गौरैया विलुप्त हो जाएगी तो अगला नंबर इनसान का भी हो सकता है। इसलिए हमें मिलकर इन्हें संरक्षित करना होगा।

शहरों में बननेवाले पक्के मकानों में सुराख नहीं होने के कारण गौरैयों का आशियाना छिन गया है। खेतीबाड़ी में कीटनाशकों के प्रयोग के कारण कीड़े नहीं मिल रहे हैं, जो इन गौरैयों का प्रमुख आहार हैं। हमें ही अपने प्रयासों से गौरैयों को फिर से बुलाना होगा, उनके भोजन और आवास की व्यवस्था करनी होगी। चर्चा नहीं, बल्कि समुचित प्रयास करने की शपथ लेनी होगी, जिससे उन्हें संरक्षित किया जा सके। बात करें, पंजाब के किसान चारणदीप की, जिन्होंने ऑर्गेनिक, यानी नेचुरल खेती करके चिड़ियों की 52 प्रजातियाँ को अपने खेत में बुलाया। अगर यह पहल सब करें तो गौरैया सहित अन्य पक्षियों के संरक्षण में क्रांतिकारी बदलाव आ जाएगा।

बहरहाल, गौरैया संरक्षण की बातें सिर्फ 'विश्व गौरैया दिवस' तक ही न रहें, बल्कि हर दिन हों। इसे दिवस के बंधन में न रख जीवन में अपनाने की जरूरत है। दिवस सिर्फ एक संकेत है, जो साल भर सक्रिय रहने के लिए उत्प्रेरक का काम करता है। इस काम में कई लोग लगे हैं, लेकिन इसमें व्यापकता की जरूरत है और इसकी पहल हर व्यक्ति को अपने घर से करनी चाहिए। □

7

# भारत में गौरैया की संख्या स्थिर : मोबाइल फोन टॉवर खतरे का पुख्ता सबूत नहीं

विश्व भर में भले ही गौरैया विलुप्ति के कगार पर खड़ी हो, लेकिन भारत में इसकी संख्या चिंताजनक, यानी 'रेड जोन' में नहीं है। भारत में गौरैया की संख्या को लेकर अच्छी खबर आ रही हैं। स्टेट ऑफ इंडियंस बर्ड्स 2020, रेंज, ट्रेंड्स और कंजर्वेशन स्टेट्स के मुताबिक, पिछले 25 साल से गौरैया की संख्या भारत में स्थिर बनी हुई है, हालाँकि, देश के छह मेट्रो बेंगलुरु, चेन्नई, दिल्ली, हैदराबाद, कोलकाता और मुंबई में इनकी

संख्या में कमी देखी गई है, लेकिन बाकी के शहरों में इसकी संख्या स्थिर देखी जा रही है। कह सकते हैं कि विलुप्त नहीं है।

गौरैया की संख्या में कमी के पीछे कई कारण हैं, जिन पर लगातार शोध हो रहे हैं। पक्षी विशेषज्ञ और गौरैया संरक्षण में लगे लोग समय-समय पर चिंता प्रकट करते रहते हैं। गौरैया की संख्या में कमी के पीछे के कारणों में आहार की कमी, बढ़ता आवासीय संकट, कीटनाशक का व्यापक प्रयोग, जीवन-शैली में बदलाव, प्रदूषण और मोबाइल फोन टॉवर से निकलनेवाले रेडिएश्न को दोषी बताया जाता रहा है। रिपोर्ट के अनुसार, कीड़ों की कमी (गौरैया के बच्चों का एक प्रमुख भोजन) इनकी संख्या में कमी का एक बड़ा कारण है। गौरैया अपने बच्चे को शुरुआत में कीड़ा खिलाती है, यह कीड़ा उसे खेत-खलिहान-बाग-बगीचा और गाय के गोबर के पास से मिलता है। फसल और साग-सब्जी में बेतहाशा कीटनाशक के प्रयोग ने कीड़ों को मार डाला है। ऐसे में गौरैया अपने बच्चे को पालने के दौरान समुचित आहार, यानी प्रोटीन नहीं दे पाती हैं। वहीं पैकेटबंद अनाज ने भी प्रभाव डाला है, खासकर मेट्रो शहरों में। पहले राशन दुकानदार सुबह-सुबह दुकान की सफाई करते हुए गिरे अनाज को बुहारकर बाहर फेंकते थे, तब गौरैया फुदकते हुए उसे चुगती थी, लेकिन पैकेटबंद आहार ने सब बंद कर दिया है, हालाँकि, गाँव और छोटे शहरों में थोड़ा बचा हुआ है, जहाँ लोग खुला अनाज लाते हैं और उसे साफ करने के दौरान घर-आँगन में फेंकते हैं, तो घरेलू गौरैया को आहार मिल जाता है। जहाँ आहार नहीं मिलता, वहाँ से वह पलायन कर जाती है। रेलवे स्टेशनों पर बड़ी संख्या में ये मिलती हैं। वजह साफ है, वहाँ दाना-पानी और आवास की भरपूर व्यवस्था होती है। रेलवे अनाज गोदाम और स्टेशन परिसर में अनाज-आहार जहाँ मिलता है, वहीं शेड आदि में वे छुपकर रहती और प्रजनन करती है।

गौरैया के प्रजनन के लिए अनुकूल आवास में कमी भी एक बड़ा कारण माना जा रहा है। आवासों का तेजी से कंक्रीट के जंगलों में तब्दील

होने से तसवीर बदल गई है। शहरों में इनके प्रजनन के लिए अनुकूल आवास नहीं के बराबर है। यही वजह है कि शहर के कुछ इलाकों में ये दिखती है तो कुछ में नहीं। ऐसे में कृत्रिम घर बनाकर गौरैया को प्रजनन के लिए आवास देने कि पहल चल रही है। गाँव में यह संकट नहीं है, फूस और मिट्टी के अवास अभी भी हैं, लेकिन कीटनाशक के प्रयोग और अनाजों को खलिहान में नहीं छोड़ने से वे कई गाँवों से पलायन कर चुकी हैं। गाय और गोबर का संबंध भी गौरैया के साथ देखा जा रहा है। भारतीय प्राणी सर्वेक्षण, पटना का वैज्ञानिक डॉ. गोपाल शर्मा का मानना है कि जहाँ गाय और गोबर होगा, वहाँ यह दिखती है। वजह है, गौरैया गाय के गोबर से निकले अपचे भोजन को तो खाती ही है, बाद में वह अगर सड़ जाता है तो उसमें से जो निकलने वाले कैटरपिलर्स, यानी पिल्लू को अपने बच्चों को खिलाती है। यह प्रोटीन का बड़ा स्रोत भी होता है।

मोबाइल फोन टॉवर से निकलने वाले रेडिएशन को भी इसकी संख्या में कमी करनेवाला एक बड़ा कारक माना जाता रहा है, लेकिन स्टेट ऑफ इंडियंस बर्ड्स 2020-रेंज, ट्रेंड्स और कंजर्वेशन स्टेट्स ने अपने रिपोर्ट के पेज संख्या छह पर साफ-साफ कहा है कि अनाज और आवासीय संकट से गौरैया की संख्या में कमी के तथ्य जरूर दिखते हैं, लेकिन मोबाइल फोन टॉवर का जो तर्क दिया जाता रहा है, उसे लेकर कोई पुख्ता सबूत नहीं मिला है, जिससे यह पता चले कि रेडिएश्न से गौरैया के प्रजनन पर प्रभाव पड़ता हो, यानी यह भ्रम है कि मोबाइल फोन टॉवर से गौरैया के प्रजनन को खतरा होता है। गौरैया की संख्या को कम करने में मोबाइल फोन टॉवरों की कोई भूमिका नहीं है। इसे लेकर एक रिपोर्ट पहले भी आ चुकी है। विश्व भर के विशेषज्ञों द्वारा 88 पेज की एक रिपोर्ट—'रिपोर्ट ऑन पॉसिबल इंपैक्ट्स ऑफ कम्युनिकेशन टावर्स ऑन वाइल्डलाइफ इन्क्लुडिंग बर्ड्स एंड बी' में साफ कहा गया है कि अब तक के परिणाम में यह प्रभावी खतरा नहीं हैं। वहीं कुछ संस्था अभी भी इसे दोषी मानती हैं।

गौरैया की संख्या को कम करने में मोबाइल फोन टॉवरों की भूमिका

है या नहीं, को लेकर सवाल उठते रहते हैं। अकसर गौरैया की संख्या में कमी को लेकर चर्चा होती रहती है। गौरैया संरक्षण को लेकर 19 जुलाई, 2020 को आयोजित राष्ट्रीय वेबिनार में इस मुद्दे पर 'मंदार नेचर क्लब' भागलपुर के संयोजक और पक्षी विशेषज्ञ अरविंद मिश्रा ने कहा कि गौरैया के विलुप्त होने का कारण मोबाइल फोन टॉवर को माना जाता है, जबकि यह भ्रम है। उनका मानना था कि वे 1950-70 तक गौरैया की संख्या बढ़ी थी। वही 1970-90 के बीच गिरावट आई, जबकि उस समय मोबाइल टॉवर नहीं थे। अपने निजी अनुभव को साझा करते हुए कहा कि उनके घर के पास कई मोबाइल फोन टॉवर हैं और गौरैया हर साल प्रजनन करती हैं, बच्चे निकलते हैं। सच है, पटना के कंकड़बाग के लोहिया नगर इलाके में बहुत सारे मोबाइल फोन टॉवर हैं, उसके इर्द-गिर्द गौरैया बड़ी संख्या में रहती है। खुद मेरे घर के पास हालात यही हैं 2007 से देख रहा हूँ कि गौरैया हर साल प्रजनन करती है, बच्चे निकलते हैं।

बढ़ते प्रदूषण ने भी गौरैया को संकट में डाला है। गौरैया संरक्षण में विशेष योगदान रखनेवाले गुजरात के चर्चित स्पैरोमैन जगत कीनखाबवाला कहते हैं, 'प्रदूषण ने गौरैयों के जीवन, प्रजनन को खतरे में ला खड़ा किया है। प्रजनन के लिए जब नर गौरैया मादा को रिझाने के लिए गीत गाता है, आवाज लगाता है, तो ध्वनि प्रदूषण के कारण उसकी आवाज मादा तक कई बार नहीं पहुँच पाती। ऐसे ही जब बच्चे भोजन के लिए घोंसले से चिल्लाते हैं तो उनकी आवाज नर-मादा गौरैया तक नहीं पहुँच पाती है। ध्वनि प्रदूषण के कारण उनका जीवन-प्रजनन खतरे में पड़ जाता है। साथ ही ग्लोबल वार्मिंग से बढ़ते तापमान ने भी प्रभाव डाला है।'

वाइल्ड लाइफ ट्रस्ट ऑफ इंडिया, नई दिल्ली के मुख्य संरक्षक डॉ. समीर कुमार सिन्हा कहते हैं, 'पिछले कुछ वर्षों में गौरैया की संख्या को लेकर कुछ डाटा आए हैं, जिनसे मदद लेकर अलग-अलग क्षेत्रों में इनकी समस्याओं को पहचान सकते हैं। शहरी और ग्रामीण समस्याएँ अलग हैं।' डॉ. सिन्हा का मानना हैं कि अगर हॉउस स्पैरो हमारे घरों के आसपास

नहीं है तो इसका मतलब है कि हमारे घर के आसपास कहीं-न-कही कोई खतरा मँडरा रहा है, जिसके कारण गौरिया वहाँ से विलुप्त हो गई हैं। बहरहाल, जो हो, इस नन्ही सी जान को बचाने के लिए पहल तो करनी ही होगी। बढ़ते प्रदूषण पर अंकुश, कीटनाशक के प्रयोग पर रोक, परंपरागत जीवन-शैली को अपनाना और आवासीय बदलाव केवल गौरैया को खतरे से नहीं बचाएगा, बल्कि इनसानों को भी सुरक्षित रखेगा।

□

8

# जीने की राह सिखाती है 'गौरैया'

घर-आँगन में चहकने-फुदकनेवाली छोटी सी प्यारी चिड़िया 'गौरैया' इनसानों को जीने की राह सिखाती है। अपनी चहचहाहट से गौरैया ने कई लोगों की जिंदगी बदल दी है, लेकिन दुःखद यह है कि जीवन की आपा-धापी और बदलते व्यवहार ने इसे इनसानों से दूर कर विलुप्ति की ओर पहुँचा दिया है।

चीं-चीं से प्रकृति को चहकानेवाली गौरैया अब कहीं दिखती है तो कहीं गायब हो चुकी है। इसकी आबादी में 60 से 80 प्रतिशत कमी आई है। इसे बचाने को लेकर विश्व स्तर पर पहल चल रही है। नेचर फॉर एवर सोसाइटी एवं बॉम्बे नेचुरल हिस्टरी सोसाइटी, कार्नेल लैब्स ऑफ आर्निथोलोजी (यू.एस.ए.), इकोसिस एक्शन फाउंडेशन (फ्रांस) तथा एवन वाइल्ड-लाइफ ट्रस्ट के प्रयास से इसके संरक्षण को लेकर 20 मार्च, 2010 में 'विश्व गौरैया दिवस' पहली बार मनाया गया। उसके बाद यह दिवस प्रत्येक वर्ष 20 मार्च को पूरी दुनिया में 'गौरैया' संरक्षण के प्रति लोगों को जागरूक करने के लिए मनाया जाता है। देश के दो राज्य दिल्ली ने 2012 और बिहार ने 2013 मे गौरैया को संरक्षण देने की पहल शुरू करते हुए इसे राजकीय पक्षी घोषित कर रखा है।

गौरैया संरक्षण से हालात भी बदल रहे हैं। नन्ही गौरैया के विलुप्त होने के पीछे कई कारण हैं, वैसे अच्छी बात यह है कि गुजरात के गांधीनगर में 15 से 22 फरवरी, 2020 को आयोजित 13वें अंतरराष्ट्रीय प्रवासी प्रजाति संरक्षण सम्मेलन में आई एक रिपोर्ट में खुलासा हुआ था कि भारत में गौरैया की संख्या स्थिर है, वैसे यह सच है कि कई गाँव और शहर जहाँ ये दिखती थी, वहाँ सालों से नहीं दिखी, जबकि एक शहर में कुछ इलाके में दिखती है तो कुछ इलाके में नहीं।

गौरैया की संख्या में कमी के पीछे कई कारण हैं, जिन पर लगातार शोध हो रहे हैं। गौरैया की संख्या में कमी के पीछे के कारणों में आहार एवं पानी की कमी, बढ़ता आवासीय संकट, कीटनाशक का व्यापक प्रयोग, जीवन-शैली में बदलाव और प्रदूषण को बड़ा कारण माना जाता है। वहीं कुछ लोग मोबाइल फोन टॉवर से निकलने वाले रेडिएशन को भी गौरैया की संख्या में कमी करनेवाला एक बड़ा कारक मानते रहे हैं, लेकिन स्टेट ऑफ इंडियंस बर्ड्स 2020-रेंज, ट्रेंड्स और कंजर्वेशन स्टेटस ने अपनी रिपोर्ट में साफ-साफ कहा है कि अनाज और आवासीय संकट से गौरैया की संख्या में कमी के तथ्य जरूर दिखते हैं, लेकिन मोबाइल फोन टॉवर का जो तर्क दिया जाता

रहा है, उसे लेकर कोई पुख्ता सबूत नहीं मिला है, जिससे यह पता चले कि रेडिएशन से गौरैया के प्रजनन पर प्रभाव पड़ता हो? यानी यह भ्रम है कि मोबाइल फोन टॉवर से गौरैया के प्रजनन को खतरा होता है। गौरैया की संख्या को कम करने में मोबाइल फोन टॉवरों की कोई भूमिका नहीं है। सरकार ने भी इसे खारिज किया है। विश्व भर के विशेषज्ञों द्वारा तैयार एक रिपोर्ट 'ऑन पॉसिबल इंपैक्ट्स ऑफ कम्युनिकेशन टॉवर्स ऑन वाइल्डलाइफ इन्क्लुडिंग बर्ड्स एंड बी' में साफ कहा गया है कि अब तक के परिणाम में गौरैया के लिए यह प्रभावी खतरा नहीं हैं। वहीं कुछ संस्था अभी भी इसे दोषी मानती हैं।

स्टेट ऑफ इंडियंस बर्ड्स 2020, रेंज, ट्रेंड्स और कंजर्वेशन स्टेट्स की रिपोर्ट को देखें तो पिछले 25 साल से गौरैया की संख्या भारत में स्थिर बनी हुई है, हालाँकि, देश के छह मेट्रो बेंगलुरु, चेन्नई, दिल्ली, हैदराबाद, कोलकाता और मुंबई में इनकी संख्या में कमी देखी गई है, लेकिन बाकी के शहरों में इसकी संख्या स्थिर देखी जा रही है। ऐसे में कहा जा सकता हैं कि भारत में यह विलुप्त नहीं है, लेकिन स्थिति ठीक भी नहीं है। रिपोर्ट के अनुसार, कीड़ों की कमी (गौरैया के बच्चों का एक प्रमुख भोजन) इनकी संख्या में कमी का एक बड़ा कारण है। इसके पीछे बेतहाशा कीटनाशक का प्रयोग को माना जा रहा है। गौरैया अपने बच्चे को शुरुआत में कीड़ा खिलाती है, यह कीड़ा उसे खेत-खलिहान-बाग-बगीचा और गाय के गोबर के पास से मिलता है। फसल और साग-सब्जी में बेतहाशा कीटनाशक के प्रयोग ने कीड़ों को मार डाला है। ऐसे में गौरैया अपने बच्चे को पालने के दौरान समुचित आहार, यानी प्रोटीन नहीं दे पाती हैं और बच्चे कमजोर हो जाते हैं। पानी की भारी कमी भी एक कारण है। खासकर गरमी के दिनों में हालात और खराब हो जाते हैं। वहीं कंक्रीट के जंगलों ने इसके घोसलों को उजाड़ दिया है। तेजी से पेड़ और झुरमुट पौधे काटे जा रहे हैं। पहले अमूमन हर घर के पीछे बाग-बागीचा हुआ करता था, जहाँ ये प्रवास करती थीं, लेकिन अब यह बहुत काम हो गया है।

गौरैया अपना आवास इनसानों के घरों में बनाती है। पहले खुले-खुले

आवास होते थे। अब मकानों में वेंटीलेटर तक नहीं होता। आज भी इसे जिस घर में छेद-खोह दिख जाता है, वहाँ घोसला बना लेती है या फिर विंडो एसी के नीचे। खपरैल या फूस के घरों में यह आसानी से घर बना लेती है। गौरैया की खासियत यह है कि इसे जहाँ आहार-पानी-पेड़ और सुरक्षा दिखता है, वहाँ प्रवास करती है। यही वजह है कि रेलवे स्टेशनों पर गौरैया खूब दिख जाती है।

गौरैया एक छोटी सी घरेलू पक्षी है। यह यूरोप और एशिया में सामान्य रूप से पाई जाती है। यह हलकी भूरे रंग की होती है। नर गौरैया की पहचान उसके गले के पास काले धब्बे से की जाती है। मादा के सिर और गले पर भूरा रंग नहीं होता है। देश के हिंदी क्षेत्रों में यह छोटी सी चिड़िया गौरैया के नाम से लोकप्रिय है। यह अन्य नाम से भी पुकारी जाती है, मसलन—तमिलनाडु व केरल में कूरूवी, तेलुगू में पिच्चूका, कन्नड़ में गुब्बाच्ची, पश्चिम बंगाल में चराई पाखी, ओडिशा में घरचटिया, मराठी में चिमानी, पंजाब में चिड़ी, जम्मू तथा कश्मीर में चेर और गुजराती में चकली। उर्दू बोलनेवाले इसे चिड़िया कहते हैं। सिंधी में इसे झिरकी कहा जाता है।

गौरैया का शिकार भी बहेलिए करते हैं। वैसे गौरैया को मारने की खबर नई नहीं है। चीन में तो गौरैया मारने का अभियान चला था। वर्ष 1958 में माओ जेडोंग ने एक अभियान शुरू किया था, जिसे Four Pests Campaign का नाम दिया गया था। इस अभियान के तहत चार पेस्ट को मारने का फैसला किया गया। इसमें मच्छर, मक्खी, चूहा और नन्ही गौरैया शामिल थी।

मच्छरों, मक्खियों और चूहों के मारने के पीछे के कारण समझ में आ रहे थे कि मलेरिया, हैजा एवं प्लेग कारण हो सकते थे, लेकिन गौरैया के सफाया के पीछे माओ जेडोंग ने ये तर्क किया कि वह अनाज खा जाती है। गौरैया, जो इनसानों के सबसे नजदीक रहती है। बड़े ही आसानी से इनसानों की शिकार बनी। इनसानों ने भी बड़ी क्रूरता से उसे ढूँढ़-ढूँढ़कर मारा। घोंसले ढूँढ़-ढूँढ़कर उजाड़ दिए गए। अंडों को नष्ट कर दिया गया। घोंसले में बच्चे मिले तो उन्हें भी क्रूरता से मार दिया गया। नतीजा यह हुआ कि चीन से गौरैया

गायब हो गई। 1960 आते-आते लोगों को अहसास होने लगा कि गौरैया सिर्फ अनाज नहीं खाती थी, बल्कि उन कीड़ों को भी खा जाती थी, जो अनाज की पैदावार को खराब करने का काम करते थे। गौरैया के संहार करने का नतीजा यह हुआ कि धान की पैदावार बढ़ने के बजाए घटने लगी। चीन को अकाल से जूझना पड़ा।

घरेलू गौरैया 46 किमी. प्रति घंटे की गति से उड़ सकती है। इसके पंखों का फैलाव : यूरेशियाई वृक्ष गौरैया : 21 सेंमी. होता है। गौरैया का जीवनकाल, घरेलू गौरैया और यूरेशियाई वृक्ष गौरैया लगभग 3 वर्ष है। घरेलू गौरैया का द्रव्यमान 24-40 ग्राम होता है। यह रोजाना 4 से 5 ग्राम भोजन करती है। अंडे देने के लिए घोंसला बनाने के लिए इनसान के घर या जहाँ इनसान रहता है, आसपास घोंसला बनाते हैं। इसलिए इसे 'घरेलू गौरैया' कहा जाता है। खपरैल का घर इनके रहने के लिए बहुत सुरक्षित होता है। इसमें बड़े हमलावर पक्षी का खतरा नहीं होता है। केवल साँप से खतरा होता है। साँप खपरैल में प्रवेश कर अंडे को या बच्चे को खा जाता है। बिल्ली भी कभी-कभी झपट्टा मारती है। शहर में ये दुकानों के शटर के ऊपर और खिड़की में लगे एसी के नीचे घोंसला बनाकर अंडे देती है। पिछले कुछ सालों में शहरों में गौरैया की कम होती संख्या पर चिंता प्रकट की जा रही है।

आधुनिक होते जीवन और बहुमंजिली इमारतों में गौरैया को रहने के लिए पुराने घरों की तरह जगह नहीं मिल पाती है। तो वहीं सुपर मार्केट संस्कृति के कारण पुरानी पंसारी की दुकानें घटती जा रही हैं। इससे गौरैया को दाना नहीं मिल पाता है। शहरों में वेंटीलेशन या आवासीय कमी की वजह से गौरैया संरक्षण में लगे लोग, लोगों को बॉक्स लगाने की सलाह देते हैं। बाक्स में भी गौरैया आती है और घोसला बनाती है।

गौरैया ज्यादा तापमान सहन नहीं कर सकती है। गरमी बढ़ते ही यह पानी की तलाश में भटकने लगती है, जैसे-जैसे गरमी बढ़ती जाती है, प्यास की तलब इसकी बढ़ती ही जाती है। यों तो घरेलू गौरैया को घास के बीज काफी पसंद होते हैं, जो शहर की अपेक्षा ग्रामीण क्षेत्रों में आसानी से मिल

जाते हैं, लेकिन यह चावल के छोटे-छोटे दाने, यानी खुद्दी बड़े ही चाव से खाते हैं, वैसे चिड़ियों के आहार में फल-फूल, बीज, अनाज, कीड़े-मकोड़े और अन्य आहार शामिल हैं।

तो आइए, गौरैया के संरक्षण को अपने जीवन में शामिल करते हैं और संकल्प लेते हैं कि सिर्फ 'विश्व गौरैया दिवस' के दिन ही नहीं, बल्कि जागरूकता कार्यक्रम हर दिन करेंगे। साथ ही इसके संरक्षण के लिए हर आम और खास आदमी को आगे आना होगा और खुद से पहल करनी होगी। हर घर में दाना-पानी-आवास-सुरक्षा की व्यवस्था सुनिश्चित हो, तभी 'विश्व गौरैया दिवस' का उद्देश्य सफल माना जाएगा।

□

9

# पारिस्थितिकी तंत्र की बहाली में गौरैया और पर्यावरण

पारिस्थितिकी तंत्र की बहाली में गौरैया और पर्यावरण अहम मुद्दा हैं। विश्व भर में गौरैया की विलुप्ति का सवाल उठता रहता है, तो वही पर्यावरण के ऊपर बढ़ते खतरे ने विश्व को चिंतित कर रखा है। प्रकृति का फेंफड़ा, यानी पेड़ों की बेइंतहा कटाई और उजड़ते वन क्षेत्र से जलवायु परिवर्तन जैसी समस्या विकराल रूप ले चुकी है। पारितंत्र (ecosystem) या पारिस्थितिक तंत्र (ecological system) एक प्राकृतिक इकाई है। इसमें एक क्षेत्र विशेष के सभी जीवधारी, यानी पौधे, जीव-जंतु एवं अणु जीव शामिल

हैं। ये अपने अजैव पर्यावरण के साथ अंतर्क्रिया करके एक संपूर्ण जैविक इकाई बनाते हैं। इस प्रकार पारितंत्र एक–दूसरे पर आश्रित अवयवों की एक इकाई है, कड़ी है। पारितंत्र में आमतौर पर अनेक खाद्य जाल बनाते हैं, जो पारिस्थितिकी तंत्र के भीतर इन जीवों के आश्रित होने और ऊर्जा के प्रवाह को दिखाते हैं। इसमें वे अपने भोजन, आवास एवं अन्य जैविक क्रियाओं के लिए एक–दूसरे पर निर्भर रहते हैं।

देखा जाए तो आज पर्यावरण के आवरण से जुड़े घटकों जल, जमीन, वायु, पेड़ आदि की स्थिति बद से बदतर होती जा रही है। ऐसे में स्वाभाविक है विश्व भर में चर्चा तो होगी ही। तभी तो संयुक्त राष्ट्र ने वर्ष 2021 को 'पारिस्थितिकी तंत्र में बहाली' को विषय बनाया है, यानी इकोलॉजिकल सिस्टम, जो बिगड़ चुका है, उसे दुरुस्त किया जाए। इकोसिस्टम को फिर से बहाल किया जाए, हालाँकि, यह इतना आसान नहीं है, लेकिन लोगों को जागरूक कर बिगड़ते हालात पर काबू पाया जा सकता है।

इस इकोसिस्टम में से सभी घटक एक–दूसरे के पूरक हैं, लेकिन इनसानों ने विकास और विलासिता की अंधीधुंध यात्रा में पर्यावरण के बिगड़ते मिजाज को और बिगाड़ दिया है। पारिस्थितिकी तंत्र को तार–तार कर दिया है। बात गौरैया और पर्यावरण की करें तो पारिस्थितिकी तंत्र के लिए औरों की तरह गौरैया की भी भूमिका अहम है। गौरैया हमारी मित्र है। घरेलू पक्षी है, जो पर्यावरण के एक संरक्षक के रूप में कार्य करती है।

पर्यावरण का बिगड़ना और गौरैया के अस्तित्व को खतरे में पड़ना गंभीर सवाल है। शहर की तो बात दूर, गाँव–गाँव से नन्ही सी प्यारी चिरैया गौरैया की जान आफत में है या फिर खत्म हो रही है या एक इलाके को छोड़ दूसरे में चली जा रही है। खासकर मेट्रो शहरों में खासा प्रभाव देखने को मिलता है। प्यारी सी नन्ही गौरैया के ऊपर बिगड़ते पर्यावरण की मार पड़ी है। इस वजह से एक शहर में दिखती है तो दूसरे शहर में नहीं। एक गाँव में दिखती है तो दूसरे गाँव में नहीं। एक शहर के एक इलाके में दिखती है तो उसी शहर के दूसरे इलाके में नहीं। अजीब सी तसवीर है, जो चिंतित करती

है। गौरैया को घरेलू पक्षी कहा जाता है। जहाँ-जहाँ इनसान गया, वहाँ-वहाँ यह गौरैया गई और इनसानों के आसपास अपना बसेरा बनाया है।

पर्यावरण के घटकों में जल-भूमि-पेड़-पौधे आदि पर बढ़ते खतरे से इनसानों के साथ-साथ पशु और पक्षियों को भी खतरे में डाल दिया है। जल प्रदूषित होते जा रहे हैं। तालाब-पोखर और नदियाँ सूख रही हैं। खेत-खलिहान का स्वरूप बदल रहा है। खेतों में बेइंतहा कीटनाशक के प्रयोग ने गौरैया सहित कई चिड़ियों को खतरे में डाल दिया है। देखा जाए तो गौरैया पर्यावरण के बहुत नजदीक है। खेत खलिहान में जो फसलें होती है, उन फसलों पर लगनेवाले कीड़ों को यह अपने बच्चों को खिलाती है, लेकिन अब बड़ी मुश्किल से बच्चे को कीड़े खिला पाती है। कीड़े नहीं मिल पाने से बच्चे दम तोड़ देते हैं। घर और कंक्रीट का जंगल, पेड़ों की लगातार कटाई से आवासीय और आहार की समस्या गौरैया सहित अन्य पक्षियों पर साफ दिखती है। यह अलग बात है कि विकास के लिए कटते पेड़ के एवज में पौधारोपण किया जा रहा है, लेकिन एक सोशल ऑडिट होनी चाहिए। देखा जाना चाहिए कि पक्षियों के रैन बसेरों को हमने कहाँ-कहाँ उजाड़ दिया? उजाड़ा तो, उनकी व्यवस्था की या नहीं?

वहीं एक अहम सवाल है बाग-बगीचे के कंसेप्ट को भी खत्म किया जा रहा है। पहले हर घर के आगे-पीछे बाग-बगीचे का कंसेप्ट हुआ करता था। फलदार वृक्ष-पौधे लगाए जाते थे, लेकिन यह सब अब नहीं के बराबर दिखते है। भूमि का हमने जमकर दोहन किया है। बाग-बगीचे को उजाड़कर कंक्रीट की इमारत बना दी है। सड़क निर्माण के दौरान आसपास की जमीन को सीमेंट से पाट दिया है। पहले बारिश के समय या घरों से निकलनेवाले पानी के जमा होने से पशु-पक्षी अपनी प्यास बुझाया करते थे, आज उन्हें भटकना पड़ता है। साफ है पारिस्थितिकी तंत्र से हमने छेड़छाड़ की।

'पारिस्थितिकी तंत्र की बहाली' नारे के साथ पर्यावरण को बचाने की मुहिम वर्ष 2021 का विषय है। जिस तरह से इनसानों ने लिए पर्यावरण बहुत मायने रखता है, उसी तरह से पक्षियों के लिए भी। लेकिन इनसानों ने अपनी

जीवन-शैली से पर्यावरण और गौरैया दोनों को बहुत नुकसान पहुँचाया है। इनसानों ने खाद्य श्रृंखला को प्रभावित किया है, जिससे पर्यावरण पूरी तरह असंतुलित हो गया है। ध्रुवों पर बर्फ के बड़े पहाड़ों का टूटना, वैश्विक तापमान का बढ़ना, ताऊते या यास जैसे तूफानों व चक्रवातओं का आना, यह सब प्राकृतिक असंतुलन की वजह से ही तो हो रहा है।

गौरैया के लिए बढ़ते प्रदूषण और बिगड़ते पर्यावरण ने पलायन के लिए मजबूर कर दिया। गाँवों से शहरों में बनते कंक्रीट के जंगल ने गौरैया से उसका आशियाना छीन लिया है। वहीं कीटनाशकों के प्रयोग से उसके आहार पर आफत आ गई है। ऐसे में इनसान के साथ-साथ गौरैया और पर्यावरण को भी बचाना होगा। गौरैया संरक्षण पर काम करनेवाले गुजरात से स्पैरोमैन जगत कीनखाबवाला की मानें तो जंगलों की कटाई कर कंक्रीट के जंगल के निर्माण ने गौरैया को उसके प्राकृतिक आवास से छिन्न-भिन्न कर दिया है। यह हमारे बीच रहनेवाला पक्षी है। जहाँ तक बिगड़ते पर्यावरण का सवाल है, तो पेड़ केवल ऑक्सीजन के लिए ही नहीं, बल्कि भविष्य की हमारी पीढ़ियों के लिए एक 'सस्टेनेबल एनवायरनमेंट' का निर्माण करेगा। हम बड़े-बड़े पेड़ों की कटाई कर रहे हैं और महँगे दामों पर ऑक्सीजन छोड़नेवाले छोटे-छोटे पौधे घरों में रख रहे हैं। यह एक अजीब बात है। हम एक गलत परंपरा बना रहे हैं। हम बाहर के बड़े पेड़ों को काटकर घर में छोटे पौधे लगाकर पर्यावरण में हो रही क्षति की भरपाई नहीं कर सकते हैं।'

बात में दम है। कटते पेड़-उजड़ते जंगल ने सवाल खड़े किए हैं। वन क्षेत्र से ही पर्यावरण को संतुलित करने में सहायता मिलती है। प्रेस इनफॉर्मेशन ब्यूरो पटना के निदेशक एवं पर्यावरण चिंतक दिनेश कुमार की मानें तो इनसान पर्यावरण से अंतरक्रिया करता है। पर्यावरण इनसानों के लिए कितना आवश्यक है, इसे बखूबी समझने की आवश्यकता है। अगर मैं गौरैया की नजर से इनसानों को देखूँ तो इनसान एक आइडेंटिटी क्राइसिस (पहचान के संकट) में जी रहा है। इनसान अपने आपको यह दिखाने में लगा हुआ है कि वह सबसे ज्यादा महत्त्वपूर्ण है, जबकि ऐसा है नहीं। प्रकृति से महत्त्वपूर्ण कुछ

भी नहीं। इनसानों ने अपने आसपास एक कृत्रिम पर्यावरण बना दिया है। हमें प्रकृति से बिल्कुल भी छेड़छाड़ नहीं करनी चाहिए। हमें नेचर ऑफ लॉ, यानी प्रकृति के नियमों के हिसाब से ही चलना चाहिए।

वहीं पीपल, नीम, तुलसी, अभियान, पटना के संस्थापक डॉ. धर्मेंद्र कुमार की मानें तो वर्तमान परिदृश्य में देखें तो वातावरण के प्रति मनुष्यों की बौद्धिकता खत्म हो गई है। लोग आधुनिकता के पीछे तेजी से भाग रहे हैं। विकास के नाम पर जंगलों का सफाया किया जा रहा है। हम केवल हम में ही मशगूल हैं, जबकि मनुष्य को यह सोचना चाहिए कि पेड़, पक्षी, पशु ये सभी हमारे परिवार के ही सदस्य हैं।

देखा जाए तो पूरी दुनिया धन के पीछे भाग रही है, जबकि धन से कुछ भी होना-जाना नहीं है। पर्यावरण आवरण को ठीक करने के लिए घर-घर में अलख जगाने की आवश्यकता है। तभी तो संयुक्त राष्ट्र महासचिव एंटोनियो गुटेरेस कहते हैं, "प्रकृति के साथ शांति बनाना 21वीं सदी के लिए निर्धारित कार्य है, हर किसी के लिए, हर स्थल पर, इसके लिए सर्वोच्च प्राथमिकता होनी चाहिए।" चूँकि विकास की बाध्यताएँ बढ़ी हैं, इसलिए इसी के अनुरूप जीव-जंतु और प्रकृति को हरे और स्वस्थ भविष्य के अनुकूल बनाने की क्षमता की आवश्यकता है। सतत विकास और पर्यावरण संरक्षण के बीच बेहतर संतुलन बनाए रखना संयुक्त राष्ट्र एजेंडा 2030 सतत विकास लक्ष्यों के मुख्य प्रयोजनों में से एक है। इसमें पर्यावरण के साथ-साथ गौरैया का भी संरक्षण अहम है, क्योंकि वह हमारे इको सिस्टम की हिस्सा है। नहीं तो चीन जैसा हाल हो जाएगा, जब 1958 में वहाँ के प्रशासक ने अनाज की बरबादी के लिए गौरैया को दोषी करार देकर उसके खात्मे का फरमान जारी कर दिया था और देखते-देखते गौरैया का पूरी तरह से सफाया कर दिया गया था, लेकिन अगले साल फिर फसल बरबादी हुई तो पता चला कि गौरैया उसके लिए दोषी नहीं थी, बल्कि फसल में लगनेवाले कीड़ों को खाकर वह मदद ही कर रही थी।

□

# 10

# कितना सही है चिड़ियों का टोटका : शुभ और अशुभ

**क्या** सही में इनसान के घर एवं आसपास चिड़ियों का बसेरा और बैठना शुभ या अशुभ होता है? या फिर ये टोटके हैं या कुछ और? मीडिया रिपोर्ट देखें तो तथ्यहीन ये बातें सवाल खड़ी करती मिलती

हैं। गौरैया शुभ तो गिद्ध अशुभ माना जाता है, लेकिन इसका पुख्ता आधार का दावा करते समय साक्ष्य नहीं मिलता है। कहानियों या आस्था में ये पिरोए मिलते हैं।

नन्ही गौरैया को ही लें, यह अपना घोंसला इनसान के घरों में बनाती है। मान्यता या आस्था को देखें तो इसे अत्यंत शुभ माना जाता है। कुछ लोग गौरैया से दस तरह के वास्तुदोष दूर होने की बात करते हैं। मान्यता कहें या कथित कथन गौरैया का घोंसला घर के पूर्वी भाग में बनता है तो मान-सम्मान में वृद्धि होती है। आग्नेय कोण पर घोंसला बनाने से पुत्र का विवाह शीघ्र होता है। दक्षिण दिशा में ये घोंसला बनाया जाए तो धन की प्राप्ति होती है। दक्षिण-पश्चिम कोण का घोंसला बनाएँ तो परिवारवालों को दीर्घ आयु देता है। पश्चिमी भाग में घोंसला बनाएँ तो लक्ष्मी की कृपा बरसती है। उत्तर-पश्चिमी कोण पर गौरैया का घोंसला बनता है तो सुख देनेवाला होता है। इसी तरह उत्तर दिशा और ईशान कोण में घोंसला बनता है तो सुख-सुविधाएँ प्रदान करता है; लेकिन इन बातों की पुष्टि लिखनेवाले नहीं करते। सवाल उठता है, अगर घर में घोंसला न बनाएँ तो? क्या इनसान का सबकुछ ठहर जाएगा? गौरैया एक घरेलू पक्षी है, जो सदियों से इनसान के घर-आँगन में रही है और आज यह कई गाँव या शहर से गायब हो गई है। ऐसे में यह शोध का विषय है कि क्या उस गाँव या शहर का विनाश हो गया या उसकी तसवीर मान्यता/आस्था के विरुद्ध चली गई?

यह भी कहा जाता है कि अगर घर में किसी भी स्थान पर मधुमक्खियों या ततैया ने छत्ता बना लिया हो तो यह किसी के लिए भी परेशानी का सबब बन सकता है। घर में छत्ता बने होने से दुर्घटना होने का डर तो बना ही रहता है, साथ ही यह शुभ भी नहीं माना जाता है। इसका शोध परिणाम के तौर पर नहीं दिखता। जाहिर है, जहाँ इनका छत्ता होगा और मानवीय गतिविधियाँ होंगी तो मधुमखी अपनी सुरक्षा में दूसरे पर हमला करेगी ही, ऐसे में परेशानी खड़ी होगी।

अब कबूतर को लेते हैं। कई लोग अपने घर में कबूतर का पालन

करते हैं। कबूतर को नियमित दाना खिलाते हैं। यह भी माना जाता है कि कबूतर का घर में होना और घोंसला बनाना दोनों ही शुभ हैं। माना जाता है कि घर में कबूतर का घोंसला होने से सुख और शांति बनी रहती है, जबकि सच यह है कि कबूतर खुद कौआ या बया चिड़िया की तरह घोंसला नहीं बनाता है। कबूतर बारहों महीने प्रजनन करता है और जहाँ भी जगह मिलती है, अंडे दे देता है। कई बार यह गमले या रोशनदान में अंडे दे देता है। यह शांत होता है, किसी को नुकसान नहीं पहुँचाता है, इसलिए इसे शुभ भी माना जाता है। वहीं यदि घर के किसी हिस्से में चमगादड़ अपना बसेरा बना लेते हैं तो अशुभ संकेत माना जाता है। यह किसी बुरी घटना का संकेत हो सकता है, हालाँकि, इसका भी कोई ठोस परिणाम नहीं है। चमगादड़ रात में शिकार के लिए निकलता है और यह लटककर रहता है, ऐसे में यह प्रिय नहीं रहा है। कह सकते हैं कि इनसान के करीब नहीं रहा है।

आस्था की बात करें तो हिंदू धर्म में देवी-देवताओं के वाहन पक्षी हैं, जैसे—भगवान् कार्तिकेय का वाहन मोर, सरस्वती का वाहन हंस, भगवान् विष्णु का गरुड़, शनिदेव का वाहन कौवा और लक्ष्मी देवी का वाहन उल्लू होता है। मिथक या धार्मिक पहलू से ये सभी पक्षी भले ही पूजे जाते हों, लेकिन सच यह है कि ये इनसान के घरों में में वास नहीं करते, लेकिन जब दीपावली आती है तो उल्लू का व्यापार बढ़ जाता है। तांत्रिक उल्लू की बलि देते हैं, तो कुछ लोग घरों में इसे पकड़कर रखते हैं कि लक्ष्मी देवी उनके घर रहेगी और धन-संपत्ति में बढ़ोतरी होगी।

देखा जाए तो घरेलू चिड़िया गौरैया, कौआ, मैना, कबूतर आदि हैं। गौरैया इनसान के घरों में रहती है, तो कौआ घरों में ताक-झाँक करता हैं। घर के मुँडेर पर कौआ के काँव-काँव से माना जाता है कि आज घर में कोई मेहमान आनेवाला है, हालाँकि, कौआ को दुष्ट पक्षी माना जाता है, वजह है यह गंदगी, यानी मांस का टुकड़ा आदि लेकर आता है और इनसान के घर के मुँडेर आदि पर बैठकर खाता है और उसे वहीं छोड़ भाग जाता है। इसलिए लोग इसे भगाते रहते हैं। इसकी माँग पितृपक्ष में बढ़ जाती है।

लोग पितृपक्ष में कौओं को पूर्वजों का स्वरूप मानते हैं। कहा जाता है कि यदि श्राद्ध पक्ष में कौआ ग्रास ले जाए तो वो भोजन पितरों तक पहुँच जाता है। इससे पितरों का आशीर्वाद प्राप्त होता है।

देखें तो कई चिड़ियों को संरक्षण देने के खयाल से देवी-देवता के वाहन से जोड़ दिया गया हैं। मसलन, भागलपुर के इलाके में मिलनेवाले गरुड़ को भगवान् विष्णु का वाहन बताकर उसका संरक्षण जारी है। लोग भी यही मानते हैं। वाइल्ड लाइफ ट्रस्ट ऑफ इंडिया के प्रमुख संरक्षक डॉ. समीर कुमार सिन्हा कहते हैं, 'भागलपुर और आसपास के क्षेत्रों में ग्रेटर एडजुटेंट को स्थानीय लोग 'गरुड़' नाम से पुकारते हैं, जो कि पक्षी विज्ञान की पुस्तकों में भी एडजुटेंट के स्थानीय नाम के रूप में दर्ज है, वैसे फोटो और पेंटिंग में भगवान् विष्णु के वाहन के रूप में चित्रित गरुड़ पक्षी ईगल या चील के समान दिखता है, हालाँकि, ऐसे चित्रण का कोई ठोस आधार नहीं होता है, अत: इसे आस्था तक ही सीमित रखना उचित है। गरुड़ कोई वैज्ञानिक नाम नहीं है, जो सर्वमान्य हो। अगर भागलपुर क्षेत्र के लोग आस्थावश इस स्टोर्क को भगवान् विष्णु का वाहन गरुड़ मानते हैं और इसे बचाने का प्रयास कर रहे हैं तो हमें उनकी आस्था का आदर करना चाहिए। कभी-कभी ऐसी भावनाएँ विकसित भी की जाती हैं। इन भावनाओं का प्रजातियों के संरक्षण में महती योगदान होता है, वर्तमान परिपेक्ष्य में यही सबसे अहम् है।' वहीं, जूलोजिकल सर्वे ऑफ इंडिया, पटना के वरिष्ठ वैज्ञानिक डॉ. गोपाल शर्मा की मानें तो भारतवर्ष की संस्कृति है कि जिन जानवरों या वृक्षों को संरक्षित करना है तो उसे किसी-न-किसी देवी-देवता से जोड़ दो। यही कारण कई पक्षी को भी देवी-देवता के वाहन की संज्ञा देकर संरक्षित करने का प्रयास किया गया है। इससे आम लोगों में देवता के प्रति भय पैदा होता है और किसी अपशकुन न हो, इसके चलते वे इनके संरक्षण में लग जाते हैं।

किसी चिड़िया के घरों में घोंसला बनाने और बैठने को शुभ, तो किसी के आने व बैठने को अशुभ बताया जाता है। जो शोध का विषय

हो सकता है, लेकिन सवाल तो उठता है, कैसे किसी चिड़िया का घर में घोंसला बनाना शुभ और अशुभ है ? सवाल यह भी उठता है कि इस प्रकृति में सभी जीव-जंतु को जीने का उचित हक है और सबकी अपनी-अपनी भूमिका प्रकृति के संग है, ताकि इकोसिस्टम को बचाने में मदद मिल सके। इसलिए सबका संरक्षण होना चाहिए।

□

# 11

# डाक टिकट पर गौरैया की उड़ान : संरक्षण का देता संदेश

'विश्व गौरैया दिवस 20 मार्च, 2010' के मद्‌देनजर भारतीय डाक विभाग के द्वारा 9 जुलाई, 2010 को विलुप्त होती गौरैया को संरक्षण देने और लोगों में जागरूकता को बढ़ावा देने के लिए डाक टिकट जारी किया था। यह डाक टिकट दो पक्षियों 'गौरैया और रॉक कबूतर' के सेट में जारी किया गया हैं। इस डाक टिकट का उद्‌देश्य लोगों को गौरैया एवं कबूतर के संरक्षण से जोड़ना है। गौरैया और कबूतर भारतीय संस्कृति और परंपराओं का हिस्सा रहे हैं। लोककथा, लोकजीवन एवं साहित्य में इनसे जुड़ी कई कहानियाँ, कविताएँ व गीत हैं।

जब से गौरैया विलुप्ति की ओर अग्रसर हुई है और पक्षी प्रेमी, वैज्ञानिकों एवं सरंक्षणविदों का ध्यान गौरैया की तरफ गया है, संरक्षण की गूँज हर ओर सुनाई पड़ने लगी है। नतीजतन इसके अध्ययन और सरंक्षण को लेकर लोग सजग हुए। पक्षी प्रेमी, वैज्ञानिकों एवं सरंक्षणविद् सामने आए तो सरकारें भी जुड़ी। डाक विभाग ने गौरैया संरक्षण को लेकर लोगों को जागरूक करने के लिए डाक टिकट जारी कर महत्त्वपूर्ण संदेश देने का काम किया है। डाक टिकट 'गौरैया और रॉक कबूतर' को एक साथ रखा गया है, लेकिन दोनों टिकट को प्रयोग करने के दौरान अलग-अलग किया जा सकता है या फिर एक साथ भी अगर दस रुपए का टिकट लिफाफे पर लगाना हो तो लगा सकते हैं।

'गौरैया और रॉक कबूतर' दोनों इनसान के घर या आसपास रहते हैं। इसलिए संदेश को व्यापक बनाने के लिए विषय-वस्तु का पूरा खयाल रखा गया है। टिकट प्रस्तुति की पृष्टभूमि पर खपरैल का घर है। ऊपर

कबूतर वाला टिकट है, नीचे गौरैया वाली। टिकट में गौरैया पर फोकस है। बंद और खुली खिड़की, आँगन में पानी का बरतन, बिखरा हुआ अनाज, गौरैया का पसंदीदा बोगनवेलिया का पेड़, घर के खोह में घोंसला और उसमें गौरैया के अंडे। मूल टिकट में नर मादा गौरैया को पानी के बरतन पर बैठा दिखाया गया है, लेकिन टिकट की प्रस्तुति को गौरैया के संरक्षण के खयाल से संजोया गया है, यानी गौरैया के सामने आहार, पानी और आवसीय संकट को रेखांकित किया गया है।

डाक टिकट में एक नर और मादा गौरैया को एक घड़े पर बैठे हुए दरशाया गया है, साथ ही जमीन पर पानी भरा सकोरा भी रखा है, जो गौरैया के लिए पानी रखने का संकेत देता है। वहीं, गौरैया के सामने आहार संकट को दूर करने के लिए अनाज भी रखने का संदेश दिया गया है। टिकट प्रस्तुति पर जमीन पर अनाज डाला हुआ है और गौरैया का जोड़ा दाना चुग रहा है। तीसरा दृश्य अहम् है। इसमें आवासीय संकट को दिखाया गया है।

गौरैया इनसान के घर के अंदर-बाहर खिड़की, रोशनदान, फूस एवं खपरैल आदि से प्रवेश कर, जहाँ जगह मिलती है, वहीं तिनका रखकर घोंसला बना लेती है, लेकिन बदलते परिवेश में हमने फूस एवं खपरैल घर की जगह कंक्रीट को अपना लिया, खिड़की/रोशनदान को बंद कर दिया। घरों में गौरैया के प्रवेश पर रोक लग गई। गौरैया के सामने आवासीय संकट खड़ा हो गया। डाक टिकट की प्रस्तुति पर घर की बंद और खुली खिड़की के जरिए बताया गया है कि हम इनसान ने घरों में रहनेवाली गौरैया के लिए खिड़की के दरवाजे को बंद कर दिया है, उसे खोलना होगा। दीवार के खोह में गौरैया का घोंसला अंडे के साथ दिखाया गया है। गौरैया हमेशा घर में नहीं रहती, वह पेड़-पौधों खासकर बबूल, नीबू, समी, बोगनवेलिया आदि, जिसमें काँटे एवं झाड़ीनुमा हो, उस पर बैठती है। डाक टिकट की प्रस्तुति पर बोगनवेलिया का पेड़ है। कहा जा सकता है कि पूरी तरह से गौरैया संरक्षण को समर्पित है यह डाक टिकट, जिसकी कीमत मात्र पाँच

रुपए हैं, हालाँकि, ये डाक टिकट भारत के सभी डाकघरों में नहीं मिलते।

मूल गौरैया डाक टिकट की खोज बड़ी लंबी रही। पर्यावरण योद्धा की टीम द्वारा लगभग पूरे देश मे खोजने का कार्य किया गया। इस टिकट के लिए गौरैया और पर्यावरण संरक्षण से जुड़े पटना के निशांत रंजन पटना में, राहुल कुमार ने प्रयागराज के डाकघरों तथा डाक टिकट प्रदर्शनियों में खोजने का काम किया, तो आकाश दत्त ने दिल्ली और पश्चिमी उत्तर प्रदेश में। राहुल कुमार ने मुंबई सर्किल में कोशिश की, तो रवि राज ने राजस्थान के जैसलमेर और बीकानेर के पोस्ट ऑफिस की खाक छानी। गुजरात और बंगाल में भी हमारी लंबी तलाश चली, लेकिन अंत में सफलता इंदौर, मध्य प्रदेश के एक क्राफ्ट की दुकान में हाथ लगी। वह भी 20 गुना अधिक मूल्य पर। खोजबीन में हुआ खर्च अलग। निशांत रंजन ने दस रुपए के दोनों टिकट को रुपए 145 और डाक खर्च रुपए 50 (कुल 205 रुपए) में मँगवाया। वे कहते हैं, 'लेकिन जब यह डाक टिकट हाथ में लिया तो सच में बहुत सुकून मिला, ऐसा लगा कि कोई अनमोल वस्तु हाथ लगी हो। हमारे लिए तो सच में यह अनमोल था, क्योंकि हमारा काम लोगों तक गौरैया से जुड़ी हर एक छोटी-छोटी बारीक बातों को पहुँचाना हैं, जिसमें यह एक महत्त्वपूर्ण कड़ी हैं।' अगर उचित दाम में मिलता तो वे गौरैया वाले डाक टिकट लगे पत्रों को किसी को भेजते, ताकि सरक्षण का संदेश आगे जाता। डाक विभाग को समय-समय पर यह देखना चाहिए कि ऐसे विषय से जुड़े टिकट देश के हर डाकघर में उपलब्ध हों।

गौरैया डाक टिकट को डाक विभाग ने लिफाफे/पोस्टकार्ड पर भी प्रयोग किया है। जहाँ एक ओर इ-मेल और मोबाइल ने पत्रों के चलन को काफी हद तक कम सीमित कर दिया है, फिर भी डाक का अपना बजूद अभी भी बना हुआ है। आज भी लोग डाक-पत्र को लेकर संवेदनशील हैं। कई तो डाक टिकट संग्रह भी करते हैं। अगर आपको गौरैया डाक टिकट मिले तो अपने परिचित को खत जरूर लिखें, ताकि गौरैया संरक्षण का संदेश

दूर-दूर तक जाए, तभी गौरैया डाक टिकट का मकसद पूरा होगा। यकीनन डाक टिकट के संदेश को देख लोग दाना-पानी और आवासीय व्यवस्था के साथ गौरैया को थोड़ा सा प्यार देने की पहल करेंगे।

□

## 12

# गौरैया की आवाज पहुँची पोस्टकार्ड पर, पक्षी संरक्षण का लहराता परचम

पक्षी संरक्षण को लेकर जागरूकता के मामले में बिहार की सक्रियता देखते बन रही है। गरुड़, संरक्षण की बात हो या फिर राज्य में हर साल आनेवाले प्रवासी पक्षियों की, निजी और सरकारी पहल का परचम लहरा रहा है। विलुप्त होते बिहार के राजकीय पक्षी गौरैया के संरक्षण को लेकर डाक विभाग ने हटकर पहल की है। तो वहीं, पटना जलाशय के साथ-साथ अन्य जलाशयों, नदी-तालाबों में प्रवासी चिड़ियों की मेहमान

की तरह देखभाल की जा रही है। पक्षी संरक्षण को लेकर जागरूकता का संदेश लोगों तक पहुँच रहा है, तभी तो एन.टी.पी.सी., कहलगाँव ने स्वदेशी एवं प्रवासी पक्षियों को सुरक्षित आश्रय स्थल प्रदान कर क्षेत्र को पक्षी विहार में तब्दील किया है।

बात करें बिहार की राजकीय पक्षी गौरैया की, तो अद्‌भुत पहल हुई है। इनसान से दूर होती बचपन की साथी गौरैया की आवाज हर ओर सुनाई पड़ती थी, लेकिन अब लोगों को तरसना पड़ता है। गौरैया की आवाज से लोगों को रू-ब-रू कराने का काम डाक विभाग ने किया है, ताकि इसके संरक्षण के प्रति जागरूकता बढ़े। राज्य स्तरीय डाक टिकट प्रदर्शनी बिहार डिजीपेक्स-2022 के अंतर्गत पटना जी.पी.ओ. परिसर में 24 फरवरी को आयोजित कार्यक्रम में पक्षी गौरैया पर एक ऑडियो पोस्टकार्ड का अनावरण किया गया, जिसमें एक क्यू आर कोड दिया गया है, जिसको स्कैन करने पर गौरैया की मधुर आवाज सुनाई देती है। डाक विभाग द्वारा विलुप्त होती जा रही गौरैया की आवाज लोगों तक पहुँचाने की यह एक अनूठी पहल है। वर्ष 2013 में बिहार सरकार ने गौरैया को राजकीय पक्षी घोषित किया था, तब से इसके संरक्षण की पहल चल रही है। वहीं, स्वदेशी एवं प्रवासी पक्षियों की प्रजातियों को भी संरक्षण देने की पहल जारी है।

भागलपुर से महज 35 किलोमीटर की दूरी पर स्थित, एन.टी.पी.सी., कहलगाँव पर्यावरण संरक्षण की दिशा में, स्वदेशी एवं प्रवासी पक्षियों की प्रजातियों के लिए सबसे सुरक्षित आश्रय स्थल में से एक बन गया है। यहाँ 50 से ज्यादा दुर्लभ पक्षियों की प्रजातियाँ दीप्तिनगर परिसर में उन्मुक्त रूप से रही रहे हैं। शीत ऋतु में दूरदराज से आए मेहमान परिंदों का जमावड़ा पक्षीविदों, पक्षी-प्रेमियों और आम लोगों के लिए खास आकर्षण का केंद्र बना हुआ है। एन.टी.पी.सी. का यह आवासीय परिसर गौरैया सहित अन्य पक्षियों का पसंदीदा स्थल बन चुका है। एक से बढ़कर एक सुंदर पक्षी यहाँ कलरव करते देखे जा सकते हैं। कुल मिलकर दीप्तिनगर में दुर्लभ पक्षियों का सुंदर संसार बसा है, जो देखने लायक है। दीप्तिनगर टाउनशिप के निवासी, मुख्य

रूप से एन.टी.पी.सी. के कर्मचारी और उनके आश्रित, इस पारिस्थितिकी को विभिन्न तरीकों से जीवंत बनाने में अपना योगदान दे रहे हैं। कर्मचारियों द्वारा अपने-अपने क्वार्टर में बनाए गए सुंदर हाउस-गार्डन और रूफ गार्डन इकोसिस्टम में जान डाल रहे हैं।

दीप्ति सरोवर जलाशय एवं सघन पेड़-पौधे इनके प्राकृतिक घरौंदा बने हुए हैं। कई पक्षी तो यहाँ प्रजनन भी करते हैं। क्षेत्र में 40 प्रतिशत जंगल होने से पक्षियों को स्वतंत्र खाने-पीने, उड़ने के साथ हमलावर पक्षियों एवं जानवरों का खतरा नहीं है।

पर्यावरण की दृष्टि से इस बेहतरीन क्षेत्र में मैना, राम चिरैया, चकता, कबूतर, फाख्ता, सारस, बटेर, कलचुरी, बगुला, गौरैया, पपीहा, सफेद कबूतर, पेंटेंड फ्रैंकोलिन, हमिंग बर्ड आदि पक्षी का स्थायी प्रवास हैं, तो वही ब्रह्ममिनि मैना, कोल्सा, नीलकंठ, हरियल पतरिंगा, मुहुक, भारतीय महालत, पट्टेदार कुक्कू, पहाड़ी महालट, आसामी फुलतुसी, सन बट्टा सोरई, पान-कोवा, चिनजारा, कोकणी लौवा और कई अन्य स्वदेशी एवियन प्रजातियाँ दीप्तिनगर की छत, हाउस-गार्डन को संगीतमय बनाते हैं। यहाँ सूर्योदय से सूर्यास्त होने तक पक्षियों के कलरव से पूरा वातावरण चिड़ियाघर सा नजारे में तब्दील हो जाता है।

सबसे सुंदर और दुर्लभ निशाचर एवियन प्रजातियों में से एक, सफेद उल्लू एन.टी.पी.सी., कहलगाँव के अंदर बहुतायत में पाए जाते हैं। दीप्तिनगर एक मिनी-फॉरेस्ट की छतरी में उन्मुक्त रूप से पल रहे दुर्लभ पक्षियों की प्रजातियाँ पर्यावरणविदों और पक्षी-प्रेमियों को आश्चर्यचकित किए हुए हैं।

एन.टी.पी.सी., कहलगाँव के मुख्य महाप्रबंधक अरिंदम सिन्हा स्वदेशी एवं प्रवासी पक्षियों के सुरक्षित आश्रयस्थल के संबंध में बताते हैं कि, "प्रकृति की रक्षा करना हमारा प्राथमिक लक्ष्य रहा है। हमने टाउनशिप को इस तरह से विकसित किया है, जहाँ पर्यावरण अपने वैभव में खिलता है। हमारे स्टेशन के अंदर स्वच्छ वातावरण और पर्याप्त वनस्पति के कारण, एवियन प्रजातियों की विस्तृत सत्यता पनपती है। एन.टी.पी.सी., कहलगाँव के अंदर मानव और

पक्षियों का सामंजस्यपूर्ण सह-अस्तित्व पारिस्थितिकी तंत्र के संरक्षण के हमारे सतत प्रयासों को दरशाता है।"

वन विभाग, भागलपुर ने एन.टी.पी.सी., कहलगाँव के पक्षी विहार को प्रकृति के सतत संरक्षण और पक्षी प्रजातियों की रक्षा के लिए दीप्तिनगर बर्ड वॉचर्स क्लब और लोगों के प्रयासों की प्रशंसा एवं सराहना की है। एन.टी.पी.सी., कहलगाँव के मुख्य महाप्रबंधक अरिंदम सिन्हा कहते हैं "गौरैया सहित अन्य पक्षियों को बचाने के लिए जागरूकता जरुरी है। इस दिशा में हम काम कर रहे हैं।"

जाहिर है, इस पारिस्थितिकी में तमाम जीवों का रहना उतना ही जरूरी है, जितना इनसान का। पशु-पक्षी पारिस्थितिकी तंत्र का हिस्सा हैं। खासकर पक्षियों का संसार अद्भुत होता है। इनके अलग-अलग जाति-प्रजातियों की कलरव से प्रकृति प्यार के गीत-संगीत से लबरेज हो जाता है। तो फिर, इनके संरक्षण के लिए आगे आएँ और पारिस्थितिकी तंत्र को मजबूत बनाएँ। इसके लिए दीप्तिनगर के छोटे जंगल की तरह हमें हर क्षेत्र में सघन पौधारोपण कर छोटा जंगल विकसित करना होगा, साथ ही जलाशय बनाने होंगे, ताकि पक्षी अपना आशियाना बनाएँ और इनसान को भी शुद्ध हवा मिले।

□

# 13

# साहित्य में गौरैया

दुनिया भर में लोकगीतों, लोककथाओं और साहित्य में जिस पक्षी को सबसे ज्यादा जगह मिली है, वह 'गौरैया' है। देश के चर्चित साहित्यकारों ने कहानी, कविता, गीत-गजलों या यूँ कहें हर विधा में गौरैया को जगह दी है। कथा सम्राट् प्रेमचंद की कहानी 'नादान दोस्त', प्रसिद्ध उपन्यासकार भीष्म साहनी की कहानी 'दो गौरैया', प्रसिद्ध लेखिका महादेवी वर्मा की 'गौरैया' है, तो वहीं प्रसिद्ध कथाकार रवींद्र कालिया ने कहानी 'गौरैया' के जरिए कई

संदेश दिए हैं। उड़ती चिड़िया को पहचाननेवाले पक्षी विशेषज्ञ सालिम अली ने अपनी आत्मकथा का नाम 'एक गौरैया का गिरना' (फाल ऑफ स्पैरो) रखा है। शेक्सपियर के नाटक 'हेमलेट' में भी एक पात्र अपनी बात कहने के लिए गौरैया को जरिया बनाता है।

साहित्य हो या लोककथा या फिर लोकगीत-संगीत, सभी में गौरैया चिड़िया को घर-आँगन में खेलते-कूदते-फुदकते-गाते-जीते हुए जीवंत कर हमारे बचपन की तसवीर को सामने रख दिया गया है, ताकि जिसके साथ बचपन गुजारा, आज वह संकट में है, हमें आगे आना होगा और उसे बचाना होगा। भारतीय साहित्य की बात करें तो गौरैया को विशेष स्थान मिला है। इनसान के घर-आँगन में रहनेवाली नन्ही-सी जान गौरैया पर ढेरों कहानी, कविता, गीत-संगीत हैं, जो गौरैया-संरक्षण की वकालत करते हुए गौरैया के इनसान के जीवन में रहने के महत्त्व को बताते हैं। ज्यादातर कहानी, कविता, गीत-संगीत की प्रस्तुति बच्चों को केंद्र में रखकर पेश की गई हैं, लेकिन ऐसा नहीं हैं गौरैया पर केंद्रित कहानी, कविताएँ, गीत-संगीत बड़ों को भी अपनी और खींचती हैं और संदेश देती हैं।

साहित्य ही नहीं, बल्कि प्राचीन ग्रीक और रोमन कविताओं से लेकर कई धार्मिक ग्रंथों में भी गौरैया का प्रतिनिधित्व दिखता है। 'पंचतंत्र' की पहली पुस्तक 'मित्रभेद' में, एक कहानी है, जिसमें एक गौरैया, एक कठफोड़वा, एक नट और एक मेंढक की सहायता से एक हाथी से बदला लेती है, जिसने उसके घोंसले और अंडों को नष्ट कर दिया था। कहानी नैतिक संदेश देता है कि छोटे और विनम्र प्राणी एक साथ काम करके बड़े और शक्तिशाली विरोधियों को भी मात दे सकते हैं।

गौरैया को आज भी साहित्य में चित्रित किया जा रहा है। तो चलिए बात करते हैं साहित्य में चर्चित 'गौरैया' को लेकर। सबसे पहले चलते हैं चर्चित साहित्यकार भीष्म साहनी की कहानी 'दो गौरैया' के पास। 'दो गौरैया' एक मार्मिक कहानी है, जो गौरैया संरक्षण के बहुत करीब है। करीब इसलिए कि इनसान के घर-आँगन में घोंसला बनानेवाली गौरैया को हमने व्यवहार

परिवर्तन कर उससे नाता तोड़ लिया है। घर के अंदर रोशनदान या पंखे के कप में या बाथरूम के पाइप के पीछे तिनका रख घोंसला बनानेवाली गौरैया को अंदर आने नहीं देते हैं, आ जाती है तो भगा देते हैं।

'दो गौरैया' का नायक लेखक का पिता है। घर में बस तीन ही व्यक्ति रहते हैं—लेखक और माँ-पिताजी। एक दिन दो गौरैया लेखक के घर के अंदर घुस आईं और छत में लगे पंखे के गोले में उन्होंने अपना घोंसला बना लिया...नायक को यह अच्छा नहीं लगा। उन्हें गुस्सा आ गया। गौरैया को घर से बाहर करने में जुट गए। नायक के हस्तक्षेप से गौरैया घोंसले में से निकलकर इधर-उधर बैठने लगी। माँ कहती है, 'ये निकलेंगी नहीं। अब इन्होंने अंडे दे दिए होंगे', फिर भी नायक कहते हैं कि निकालकर ही दम लेंगे। लाठी से पंखे के गोले को ठोकर मारी तो 'चीं-चीं' करती गौरैया उड़कर कभी इधर तो उधर बैठने लगती। दरवाजे/रोशनदान को बंद कर देने के बाद भी रात में आ जाती। गुस्से में नायक लाठी के सिरे को घोंसले में फँसाकर उसे हटाने लगता है। दोनों गौरैया आँगन में बैठ बिना आवाज के घोंसले को निहारे जा रही थी, तभी सहसा जोर की आवाज आई, 'चीं-चीं, चीं-चीं!!!' नायक के हाथ ठिठक गए। यह क्या? क्या गौरैया लौट आई हैं? नहीं, दोनों गौरैया बाहर दीवार पर गुम-सुम बैठी थीं। 'चीं-चीं, चीं-चीं!' फिर आवाज आई। पंखे के गोले के ऊपर से नन्ही-नन्ही गौरैया सिर निकाले नीचे की ओर देख रही थीं और चीं-चीं किए जा रही थीं। हमारे माँ-बाप कहाँ हैं? सभी अवाक्! नायक स्टूल पर से नीचे उतर आते हैं और घोंसले के तिनकों में से लाठी निकालकर, लाठी को एक ओर रख देते हैं और चुपचाप कुरसी पर आकर बैठ जाते हैं। लेखक की माँ सभी दरवाजे खोल देती है। नन्ही चिड़िया अभी भी हाँफ-हाँफकर चिल्लाए जा रही थीं और अपने माँ-बाप को बुला रही थीं। उनके माँ-बाप झट-से उड़कर अंदर आ गए और चीं-चीं करते उनसे जा मिले और उनकी नन्ही-नन्ही चोंचों में चुग्गा डालने लगे। लेखक, माँ-पिताजी उनकी ओर देखते रह गए। कमरे में फिर से शोर होने लगा था, पर अबकी बार नायक, यानी पिताजी उनकी ओर देख-देखकर केवल मुसकराते रहे।

वहीं, गौरैया को केंद्र में रख लिखी रवींद्र कालिया की कहानी 'गौरैया' एक संकेत हैं। कहनी में वे लिखते हैं—'गौरैया बोलती तो लगता, अभी प्रलय बहुत दूर है। पृथ्वी पर जीवन के चिह्न बाकी हैं। लगातार एक जिज्ञासा हो रही थी कि क्या कह रही है ? जेठ की उजली दुपहरी थी। पत्ता तक नहीं हिल रहा था। लू के थपेड़े, घने पेड़ों के बावजूद बदन पर आग की लपटों की तरह लपलपा रहे थे। इस खौफनाक मौसम में बस एक ही राहत थी, गौरैया की मधुर आवाज। दोपहर के इस घनघोर सन्नाटे में उसकी आवाज पेड़-पौधों के ऊपर तितली की तरह थिरक रही थी। इस आवाज के सम्मोहन में ही मैं बाहर बगिया में निकल आया था और पेड़ के नीचे पड़ी खटिया पर पसर गया था। गौरैया चुप हो जाती तो लगता पूरी कायनात धू-धू कर जल रही है और अभी सबकुछ जलकर राख हो जाएगा, गौरैया बोलती तो, लगता, अभी प्रलय बहुत दूर है, पृथ्वी पर जीवन चिह्न बाकी हैं''कहानी में लेखक बताते हैं कि जन्मभूमि नाम से ही मुझे दहशत होने लगी, लेकिन यह सुकून था कि यहाँ गौरैया ने जन्म लिया था, भगवान् ने नहीं। रवींद्र कालिया की कहानी गौरैया में सांप्रदायिकता से लेकर पर्यावरण से दूर होते समाज पर चर्चा की गई है। इस कहानी में लेखक ने सांप्रदायिकता पर कटाक्ष करते हुए कहा कि गौरैया या कोई भी अन्य पक्षी धर्मनिरपेक्ष होते हैं, जो मंदिर-मसजिद का भेदभाव नहीं करते हैं। कहानी बहुत ही रोचक है।

उत्तर भारत की संस्कृति में चिड़िया गौरैया इस तरह रची-बसी है कि प्रसिद्ध लेखिका महादेवी वर्मा ने कहानी 'गौरैया' में कामना की है कि हमारे शहरी जीवन को समृद्ध करने के लिए गौरैया चिड़िया फिर लौटेगी।

कथा सम्राट् प्रेमचंद की कहानी 'नादान दोस्त', की बात करें तो कहानी में चिड़ा (नर गौरैया)-चिड़िया (मादा गौरैया) और दो नन्हे बच्चों (केशव व श्यामा) की कहानी है। चिड़ियों के द्वारा कॉर्निस के ऊपर घोंसला बनाने के बाद बच्चों के अंदर उसके घोंसले एवं अंडे को देखने की ललक तो होती ही, साथ ही घोंसले की सुरक्षा का खयाल आता है। अपने माँ-बाप से छुप-छुपाकर घोंसला तक बच्चे पहुँचते हैं। घोंसले को धूप-पानी से बचाने

के लिए टोकरी रखते हैं। अंडे को तिनके पर देख उसकी सुरक्षा के लिए उसके नीचे कपड़ा डाल देते हैं। साथ ही दाना-पानी भी रखते हैं। बच्चे खुश होते हैं कि उन्होंने अंडे की सुरक्षा कर दी, लेकिन शाम में जमीन पर गिरा टोकरी, पानी का टूटा प्याला और टूटे तीनों अंडों को देख उनके होश उड़ जाते हैं। बच्चों की माँ सब समझ जाती है। बच्चों को बताती है कि तुमने अंडे छुए, इसलिए चिड़ियों के अंडे गंदे हो गए। चिड़िया फिर से उन्हें नहीं सेती। चिड़ा और चिड़िया के नादान दोस्त की वजह से अंडों की हिफाजत की जगह सत्यनाश हो गया। दोनों चिड़िया वहाँ फिर न दिखाई दीं। 'नादान दोस्त' कहानी के जरिए प्रेमचंद ने गौरैया सहित दूसरी चिड़ियों के घोंसले और अंडों से छेड़छाड नहीं करने और उनके संरक्षण की नसीयत दी है। अकसर लोग नादानी में घोंसले में ताक-झाँक और अंडों-बच्चों को देखने-छुने की कोशिश करते रहते हैं।

हरिवंशराय बच्चन की कविता 'चिड़िया और चुरुंगुन', मुक्ति शाहदेव की कविता 'आँगन की गौरैया' सहित सैकड़ों कविताएँ गौरैया को केंद्र में रखकर लिखी गई है, बल्कि लगातार लिखी जा रही है।

साहित्य और गौरैया स्वभाव से एक जैसे हैं, जैसे साहित्य सब का हित देखता है, साहित्य में देश-काल की समग्रता होती है। गौरैया भी साहित्य की तरह ही है। सबका हित चाहनेवाली। सब को एक साथ जोड़नेवाली। डॉ. आशुतोष कुमार ने अपनी कविता 'गौरैया' में इस भाव को बड़ी शिद्दत से रखा है—

'गौरैया रोज आती है<br>
मेरे आँगन में<br>
लाती है खुशियों का समवेत स्वर<br>
उम्मीदों से लबरेज नया सहर<br>
फुदकती है, चहकती है, बुनती है सपने<br>
कुलीन-मलिन सब इसके अपने।'

साहित्य में संवेदना होती है और जब हम संवेदना की बात करते हैं

तो स्वतः गौरैया के करीब हो जाते हैं। गौरैया, मतलब एक ऐसी छोटी-सी चिड़िया, जो प्राचीन काल से ही मानव के साथ रही। मानवीय स्वभाव के साथ रच-बस गई। अपने समवेत स्वर से घर-आँगन को गुलजार करती रही। गौरैया के बिना घर सूना हो जाता है। गौरैया नहीं तो सुख-समृद्धि का वास नहीं। घर में गौरैया नहीं तो बरकत नहीं। अनाज की बड़ी कोठी का एक मुट्ठी दाना गौरैया के अंश का माना जाता है, लेकिन आज हम सब घर के इस अनन्य सदस्य को भूल रहे हैं। इसकी मौजूदगी के महत्त्व को भूल गए। मानवीय उपेक्षा और अनदेखी ने गौरैया को विलुप्ति के कगार पर खड़ा कर दिया है। यह किसी भी संवेदनशील रचनाकार के मन-मस्तिष्क को झकझोरता है। इसलिए गौरैया साहित्य में भी बखूबी अपनी मौजूदगी दर्ज कर चुकी है।

यूट्यूब पर गौरैया की कई कार्टून फिल्म हैं। लोकगायिका चंदन तिवारी का गीत 'का खाऊ का पीऊ का ले के परदेस जाऊँ' काफी चर्चित है, जो गौरैया की खूँटे में फँसी एक दाल की कथा है, जिसे पाने के लिए वह अथक संघर्ष करती है। गीत में 'अपने परिवार के भोजन के लिए खूँटे में फँसे दाल के एक दाने के लिए बढ़ई से लेकर राजा, रानी, साँप, बाँस, जंगल, आग, समुद्र और हाथी तक से फरियाद करनेवाली मासूम गौरैया की मासूम कहानी बच्चों सहित बड़ों को भी अपनी ओर खींचती है। नन्ही गौरैया को दाल का वह दाना वापस मिलता है चींटियों के साथ और सहयोग से। गौरैया की दिल को छुनेवाली व्यथा अथक संघर्ष की वह कहानी है, जो हर नन्हे और कमजोर को बल देती है। गौरैया माँ का प्यार, गर्भवती गौरैया, गरीब गौरैया की कठिनाई, गरीब गौरैया के बच्चे, चूड़ी बेचनेवाली गौरैया, गौरैया की तीन संतानें, गौरैया और बंदर की कहानी सहित कई कार्टून फिल्म यूट्यूब पर है।

गौरैया संरक्षण में साहित्य की विभिन्न आयामों कहानी, कविता, गीत-संगीत, लोककथा, लोकगीत-संगीत आदि में जो जगह मिली और मिल रही है, उसे नजरअंदाज नहीं किया जा सकता है। सभी भाषाओं और पाठ्यपुस्तकों में भी जगह मिल रही है, जो संरक्षण की दिशा में मील का पत्थर सबित होगी। आइए साभार गौरैया संरक्षण पर पढ़ते हैं, दो चर्चित कहानी।

# 1

## 'दो गौरैया' : भीष्म साहनी

घर में हम तीन ही व्यक्ति रहते हैं—माँ, पिताजी और मैं। पर पिताजी कहते हैं कि यह घर सराय बना हुआ है। हम तो जैसे यहाँ मेहमान हैं, घर के मालिक तो कोई दूसरे ही हैं।

आँगन में आम का पेड़ है। तरह-तरह के पक्षी उस पर डेरा डाले रहते हैं। जो भी पक्षी पहाड़ियों-घाटियों पर से उड़ता हुआ दिल्ली पहुँचता है, पिताजी कहते हैं वही सीधा हमारे घर पहुँच जाता है, जैसे हमारे घर का पता लिखवाकर लाया हो! यहाँ कभी तोते पहुँच जाते हैं, तो कभी कौवे और कभी तरह-तरह की गौरैया। वह शोर मचता है कि कानों के परदे फट जाएँ; पर लोग कहते हैं कि पक्षी गा रहे हैं! घर के अंदर भी यही हाल है। बीसियों तो चूहे बसते हैं। रातभर एक कमरे से दूसरे कमरे में भागते-फिरते हैं। वह धमा-चौकड़ी मचती है कि हम लोग ठीक तरह से सो भी नहीं पाते। बरतन गिरते हैं, डिब्बे खुलते हैं, प्याले टूटते हैं। एक चूहा अँगीठी के पीछे बैठना पसंद करता है, शायद बूढ़ा है, उसे सर्दी बहुत लगती है। एक दूसरा है, जिसे बाथरूम की टंकी पर चढ़कर बैठना पसंद है। उसे शायद गरमी बहुत लगती है। बिल्ली हमारे घर में रहती तो नहीं, मगर घर उसे भी पसंद है और वह कभी-कभी झाँक जाती है। मन आया तो अंदर आकर दूध पी गई, न मन आया तो बाहर से ही 'फिर आऊँगी' कहकर चली जाती है। शाम होते ही दो-तीन चमगादड़ कमरों के आर-पार पर फैलाए कसरत करने लगते हैं। घर में कबूतर भी हैं। दिन-भर 'गुटर-गूँ, गुटर-गूँ' का संगीत सुनाई देता रहता है। इतने पर ही बस नहीं, घर में छिपकलियाँ भी हैं और बर्रें भी हैं और चींटियों की तो जैसे फौज ही छावनी डाले हुए है!

अब एक दिन दो गौरैया सीधी अंदर घुस आईं और बिना पूछे उड़-उड़कर मकान देखने लगीं। पिताजी कहने लगे कि मकान का निरीक्षण कर रही हैं कि उनके रहने योग्य है या नहीं? कभी वे किसी रोशनदान पर जा

बैठतीं, तो कभी खिड़की पर, फिर जैसे आई थीं, वैसे ही उड़ भी गईं। पर दो दिन बाद हमने क्या देखा कि बैठक की छत में लगे पंखे के गोले में उन्होंने अपना बिछावन बिछा लिया है और सामान भी ले आईं हैं और मजे से दोनों बैठी गाना गा रही हैं। जाहिर है, उन्हें घर पसंद आ गया था। माँ और पिताजी दोनों सोफे पर बैठे उनकी ओर देखे जा रहे थे। थोड़ी देर बाद माँ सिर हिलाकर बोलीं, "अब तो ये नहीं उड़ेंगी। पहले इन्हें उड़ा देते, तो उड़ जातीं। अब तो इन्होंने यहाँ घोंसला बना लिया है।"

इस पर पिताजी को गुस्सा आ गया। वह उठ खड़े हुए और बोले, "देखता हूँ ये कैसे यहाँ रहती हैं! गौरैया मेरे आगे क्या चीज हैं! मैं अभी निकाल बाहर करता हूँ।"

"छोड़ो जी, चूहों को तो निकाल नहीं पाए, अब चिड़ियों को निकालेंगे!" माँ ने व्यंग्य से कहा। माँ कोई बात व्यंग्य में कहें, तो पिताजी उबल पड़ते हैं। वह समझते हैं कि माँ उनका मजाक उड़ा रही हैं। वह फौरन उठ खड़े हुए और पंखे के नीचे जाकर जोर से ताली बजाई और मुँह से 'श-शू' कहा, बाँहें झुलाईं, फिर खड़े-खड़े कूदने लगे, कभी बाँहें झुलाते, कभी 'श-शू' करते।

गौरैयों ने घोंसले में से सिर निकालकर नीचे की ओर झाँककर देखा और दोनों एक साथ 'चीं-चीं' करने लगीं और माँ खिलखिलाकर हँसने लगी। पिताजी को गुस्सा आ गया, इसमें हँसने की क्या बात है? माँ को ऐसे मौकों पर हमेशा मजाक सूझता है। हँसकर बोली, 'चिड़िया एक दूसरी से पूछ रही हैं कि यह आदमी कौन है और नाच क्यों रहा है?' तब पिताजी को और भी ज्यादा गुस्सा आ गया और वह पहले से भी ज्यादा ऊँचा कूदने लगे। गौरैया घोंसले में से निकलकर दूसरे पंखे के डैने पर जा बैठीं। उन्हें पिताजी का नाचना जैसे बहुत पसंद आ रहा था। माँ फिर हँसने लगीं, 'ये निकलेंगी नहीं, जी। अब इन्होंने अंडे दे दिए होंगे। निकलेंगी कैसे नहीं?' पिताजी बोले और बाहर से लाठी उठा लाए। इसी बीच गौरैया फिर घोंसले में जा बैठी थीं। उन्होंने लाठी ऊँची उठाकर पंखे के गोले को ठकोरा। 'चीं-चीं' करती गौरैया उड़कर परदे के डंडे पर जा बैठीं।

'इतनी तकलीफ करने की क्या जरूरत थी। पंखा चला देते तो ये उड़ जातीं।' माँ ने हँसकर कहा।

पिताजी लाठी उठाए परदे के डंडे की ओर लपके। एक गौरैया उड़कर किचन के दरवाजे पर जा बैठी। दूसरी सीढ़ियोंवाले दरवाजे पर। माँ फिर हँस दी— 'तुम तो बड़े समझदार हो जी, सभी दरवाजे खुले हैं और तुम गौरैयों को बाहर निकाल रहे हो। एक दरवाजा खुला छोड़ो, बाकी दरवाजे बंद कर दो, तभी ये निकलेंगी।' अब पिताजी ने मुझे झिड़ककर कहा, 'तू खड़ा क्या देख रहा है ? जा, दोनों दरवाजे बंद कर दे!' मैंने भागकर दोनों दरवाजे बंद कर दिए, केवल किचनवाला दरवाजा खुला रहा। पिताजी ने फिर लाठी उठाई और गौरैयों पर हमला बोल दिया। एक बार तो झूलती लाठी माँ के सिर पर लगते-लगते बची। चीं-चीं करती चिड़िया कभी एक जगह तो कभी दूसरी जगह जा बैठतीं। आखिर दोनों किचन की ओर खुलनेवाले दरवाजे में से बाहर निकल गईं। माँ तालियाँ बजाने लगीं। पिताजी ने लाठी दीवार के साथ टिकाकर रख दी और छाती फैलाए कुरसी पर आ बैठे। 'आज दरवाजे बंद रखो,' उन्होंने हुक्म दिया। 'एक दिन अंदर नहीं घुस पाएँगी, तो घर छोड़ देंगी।' तभी पंखे के ऊपर से चीं-चीं की आवाज सुनाई पड़ी और माँ खिलखिलाकर हँस दीं। मैंने सिर उठाकर ऊपर की ओर देखा, दोनों गौरैया फिर से अपने घोंसले में मौजूद थीं। 'दरवाजे के नीचे से आ गई हैं,' माँ बोलीं। मैंने दरवाजे के नीचे देखा। सचमुच दरवाजों के नीचे थोड़ी-थोड़ी जगह खाली थी। पिताजी को फिर गुस्सा आ गया। माँ मदद तो करती नहीं थीं, बैठी हँसे जा रही थीं। अब तो पिताजी गौरैयों पर पिल पड़े। उन्होंने दरवाजों के नीचे कपड़े ठूँस दिए, ताकि कहीं कोई छेद बचा नहीं रह जाए और फिर लाठी झुलाते हुए उन पर टूट पड़े। चिड़िया चीं-चीं करती फिर बाहर निकल गईं। पर थोड़ी ही देर बाद वे फिर कमरे में मौजूद थीं। अबकी बार वे रोशनदान में से आ गई थीं, जिसका एक शीशा टूटा हुआ था।

'देखो जी, चिड़ियों को मत निकालो,' माँ ने अबकी बार गंभीरता से कहा, 'अब तो इन्होंने अंडे भी दे दिए होंगे। अब ये यहाँ से नहीं जाएँगी।'

'क्या मतलब ? मैं कालीन बरबाद करवा लूँ ?' पिताजी बोले और कुरसी पर चढ़कर रोशनदान में कपड़ा ठूँस दिया और फिर लाठी झुलाकर एक बार फिर चिड़ियों को खदेड़ दिया। दोनों पिछले आँगन की दीवार पर जा बैठीं।

इतने में रात हो गई। हम खाना खाकर ऊपर जाकर सो गए। जाने से पहले मैंने आँगन में झाँककर देखा, चिड़िया वहाँ पर नहीं थीं। मैंने समझ लिया कि उन्हें अक्ल आ गई होगी। अपनी हार मानकर किसी दूसरी जगह चली गई होंगी। दूसरे दिन इतवार था। जब हम लोग नीचे उतरकर आए तो वे फिर से मौजूद थीं और मजे से बैठी मल्हार गा रही थीं। पिताजी ने फिर लाठी उठा ली। उस दिन उन्हें गौरैयों को बाहर निकालने में बहुत देर नहीं लगी।

अब तो रोज यही कुछ होने लगा। दिन में तो वे बाहर निकाल दी जातीं, पर रात के वक्त जब हम सो रहे होते, तो न जाने किस रास्ते से वे अंदर घुस आतीं।

पिताजी परेशान हो उठे। आखिर कोई कहाँ तक लाठी झुला सकता है ! पिताजी बार-बार कहें, 'मैं हार माननेवाला आदमी नहीं हूँ।' पर आखिर वह भी तंग आ गए थे। आखिर जब उनकी सहनशीलता चुक गई तो वह कहने लगे कि वह गौरैयों का घोंसला नोचकर निकाल देंगे और वह फौरन ही बाहर से एक स्टूल उठा लाए। घोंसला तोड़ना कठिन काम नहीं था। उन्होंने पंखे के नीचे फर्श पर स्टूल रखा और लाठी लेकर स्टूल पर चढ़ गए। 'किसी को सचमुच बाहर निकालना हो, तो उसका घर तोड़ देना चाहिए,' उन्होंने गुस्से से कहा। घोंसले में से अनेक तिनके बाहर की ओर लटक रहे थे, गौरैयों ने सजावट के लिए मानो झालर टाँग रखी हो। पिताजी ने लाठी का सिरा सूखी घास के तिनकों पर जमाया और दाईं ओर को खींचा। दो तिनके घोंसले में से अलग हो गए और फरफराते हुए नीचे उतरने लगे। 'चलो, दो तिनके तो निकल गए,' माँ हँसकर बोलीं, 'अब बाकी दो हजार भी निकल जाएँगे!' तभी मैंने बाहर आँगन की ओर देखा और मुझे दोनों गौरैया नजर आईं। दोनों चुपचाप दीवार पर बैठी थीं। इस बीच दोनों कुछ-कुछ दुबला गई थीं, कुछ-कुछ काली पड़ गई थीं। अब वे चहक भी

नहीं रही थीं। अब पिताजी लाठी का सिरा घास के तिनकों के ऊपर रखकर वहीं रखे-रखे घुमाने लगे। इससे घोंसले के लंबे-लंबे तिनके लाठी के सिरे के साथ लिपटने लगे। वे लिपटते गए, लिपटते गए और घोंसला लाठी के इर्द-गिर्द खिंचता चला आने लगा। फिर वह खींच-खींचकर लाठी के सिरे के इर्द-गिर्द लपेटा जाने लगा। सूखी घास और रुई के फाहे और धागे और थिगलियाँ लाठी के सिरे पर लिपटने लगीं। तभी सहसा जोर की आवाज आई, 'चीं-चीं, चीं-चीं!!!' पिताजी के हाथ ठिठक गए। यह क्या? क्या गौरैया लौट आई हैं? मैंने झट से बाहर की ओर देखा। नहीं, दोनों गौरैया बाहर दीवार पर गुमसुम बैठी थीं।

'चीं-चीं, चीं-चीं!' फिर आवाज आई। मैंने ऊपर देखा। पंखे के गोले के ऊपर से नन्ही-नन्ही गौरैया सिर निकाले नीचे की ओर देख रही थीं और चीं-चीं किए जा रही थीं। अभी भी पिताजी के हाथ में लाठी थी और उस पर लिपटा घोंसले का बहुत-सा हिस्सा था। नन्ही-नन्ही दो गौरैया! वे अभी भी झाँके जा रही थीं और चीं-चीं करके, मानो अपना परिचय दे रही थीं, हम आ गई हैं! हमारे माँ-बाप कहाँ हैं? मैं अवाक् उनकी ओर देखता रहा, फिर मैंने देखा, पिताजी स्टूल पर से नीचे उतर आए हैं और घोंसले के तिनकों में से लाठी निकालकर उन्होंने लाठी को एक ओर रख दिया है और चुपचाप कुरसी पर आकर बैठ गए हैं। इस बीच माँ कुरसी पर से उठीं और सभी दरवाजे खोल दिए। नन्ही चिड़िया अभी भी हाँफ-हाँफकर चिल्लाए जा रही थीं और अपने माँ-बाप को बुला रही थीं। उनके माँ-बाप झट से उड़कर अंदर आ गए और चीं-चीं करते उनसे जा मिले और उनकी नन्ही-नन्ही चोंच में चुग्गा डालने लगे। माँ-पिताजी और मैं उनकी ओर देखते रह गए। कमरे में फिर से शोर होने लगा था, पर अबकी बार पिताजी उनकी ओर देख-देखकर केवल मुसकराते रहे।

*(साभार : वेबसाइट फेमिना—21 दिसंबर, 2020)*

## 2

## 'नादान दोस्त' : प्रेमचंद

केशव के घर में कॉर्निस के ऊपर एक चिड़िया ने अंडे दिए थे। केशव और उसकी बहन श्यामा दोनों बड़े ध्यान से चिड़ियों को वहाँ आते-जाते देखा करते। सवेरे दोनों आँखें मलते कॉर्निस के सामने पहुँच जाते और चिड़ा या चिड़िया दोनों को वहाँ बैठा पाते। उनको देखने में दोनों बच्चों को न मालूम क्या मजा मिलता, दूध और जलेबी की भी सुध न रहती थी। दोनों के दिल में तरह-तरह के सवाल उठते। अंडे कितने बड़े होंगे? किस रंग के होंगे? कितने होंगे? क्या खाते होंगे? उनमें बच्चे किस तरह निकल आएँगे? बच्चों के पर कैसे निकलेंगे? घोंसला कैसा है? लेकिन इन बातों का जवाब देनेवाला कोई नहीं। न अम्माँ को घर के काम-धंधों से फुर्सत थी, न बाबूजी को पढ़ने-लिखने से। दोनों बच्चे आपस ही में सवाल-जवाब करके अपने दिल को तसल्ली दे लिया करते थे।

श्यामा कहती—क्यों भइया, बच्चे निकलकर फुर से उड़ जाएँगे?

केशव विद्वानों जैसे गर्व से कहता—नहीं री पगली, पहले पर निकलेंगे। बगैर परों के बेचारे कैसे उड़ेगे?

श्यामा—बच्चों को क्या खिलाएगी बेचारी?

केशव इस पेचीदा सवाल का जवाब कुछ न दे सकता था।

इस तरह तीन-चान दिन गुजर गए। दोनों बच्चों की जिज्ञासा दिन-दिन बढ़ती जाती थीं, अंडों को देखने के लिए वह अधीर हो उठते थे। उन्होंने अनुमान लगाया कि अब बच्चे जरूर निकल आए होंगे। बच्चों के चारो का सवाल अब उनके सामने आ खड़ा हुआ। चिड़िया बेचारी इतना दाना कहाँ पाएगी कि सारे बच्चों का पेट भरे? गरीब बच्चे भूख के मारे चूँ-चूँ करके मर जाएँगे!

इस मुसीबत का अंदाजा करके दोनों घबरा उठे। दोनों ने फैसला किया कि कॉर्निस पर थोड़ा-सा दाना रख दिया जाए। श्यामा खुश होकर बोली,

'तब तो चिड़ियों को चारे के लिए कहीं उड़कर न जाना पड़ेगा न?'

केशव—नहीं, तब क्यों जाएँगी?

श्यामा—क्यों भइया, बच्चों को धूप न लगती होगी?

केशव का ध्यान इस तकलीफ की तरफ न गया था। बोला—जरूर तकलीफ हो रही होगी। बेचारे प्यास के मारे पड़फ रहे होंगे। ऊपर छाया भी तो कोई नहीं।

आखिर यही फैसला हुआ कि घोंसले के ऊपर कपड़े की छत बना देनी चाहिए। पानी की प्याली और थोड़े से चावल रख देने का प्रस्ताव भी स्वीकृत हो गया।

दोनों बच्चे बड़े चाव से काम करने लगे। श्यामा माँ की आँख बचाकर मटके से चावल निकाल लाई। केशव ने पत्थर की प्याली का तेल चुपके से जमीन पर गिरा दिया और खूब साफ करके उसमें पानी भरा।

अब चाँदनी के लिए कपड़ा कहाँ से लाए? फिर ऊपर बगैर छड़ियों के कपड़ा ठहरेगा कैसे और छड़ियाँ खड़ी होंगी कैसे?

केशव बड़ी देर तक इसी उधेड़-बुन में रहा। आखिरकार उसने यह मुश्किल भी हल कर दी। श्यामा से बोला—जाकर कूड़ा फेंकनेवाली टोकरी उठा लाओ। अम्माँजी को मत दिखाना।

श्यामा—वह तो बीच में फटी हुई है। उसमें से धूप न जाएगी?

केशव ने झुँझलाकर कहा—तू टोकरी तो ला, मैं उसका सुराख बंद करने की कोई हिकमत निकालूँगा।

श्यामा दौड़कर टोकरी उठा लाई। केशव ने उसके सुराख में थोड़ा-सा कागज ठूँस दिया और तब टोकरी को एक टहनी से टिकाकर बोला—देख ऐसे ही घोंसले पर उसकी आड़ दूँगा। तब कैसे धूप जाएगी?

श्यामा ने दिल में सोचा, भइया कितने चालाक हैं!

गरमी के दिन थे। बाबूजी दफ्तर गए हुए थे। अम्माँ दोनों बच्चों को कमरे में सुलाकर खुद सो गई थीं, लेकिन बच्चों की आँखों में आज नींद कहाँ? अम्माँजी को बहकाने के लिए दोनों दम रोके, आँखें बंद किए, मौके का

इंतजार कर रहे थे। ज्यों ही मालूम हुआ कि अम्माँजी अच्छी तरह सो गईं, दोनों चुपके से उठे और बहुत धीरे से दरवाजे की सिटकनी खोलकर बाहर निकल आए। अंडों की हिफाजत करने की तैयारियाँ होने लगीं। केशव कमरे में से एक स्टूल उठा लाया, लेकिन जब उससे काम न चला, तो नहाने की चौकी लाकर स्टूल के नीचे रखी और डरते-डरते स्टूल पर चढ़ा।

श्यामा दोनों हाथों से स्टूल पकड़े हुए थी। स्टूल की चारों टाँगें बराबर न होने के कारण जिस तरफ ज्यादा दबाव पाता था, जरा-सा हिल जाता था। उस वक्त केशव को कितनी तकलीफ उठानी पड़ती थी, यह उसी का दिल जानता था। दोनों हाथों से कॉर्निस पकड़ लेता और श्यामा को दबी आवाज से डाँटता—अच्छी तरह पकड़, वरना उतरकर बहुत मारूँगा। मगर बेचारी श्यामा का दिल तो ऊपर कॉर्निस पर था। बार-बार उसका ध्यान उधर चला जाता और हाथ ढीले पड़ जाते।

केशव ने ज्यों ही कॉर्निस पर हाथ रखा, दोनों चिड़िया उड़ गईं। केशव ने देखा, कॉर्निस पर थोड़े-से तिनके बिछे हुए हैं और उस पर तीन अंडे पड़े हैं, जैसे घोंसले उसने पेड़ों पर देखे थे, वैसा कोई घोंसला नहीं है। श्यामा ने नीचे से पूछा, 'कै बच्चे हैं भइया?'

केशव—तीन अंडे हैं, अभी बच्चे नहीं निकले।

श्यामा—जरा हमें दिखा दो भइया, कितने बड़े हैं?

केशव—दिखा दूँगा, पहले जरा चिथड़े ले आ, नीचे बिछा दूँ। बेचारे अंडे तिनकों पर पड़े है।

श्यामा दौड़कर अपनी पुरानी धोती फाड़कर एक टुकड़ा लाई। केशव ने झुककर कपड़ा ले लिया, उसकी कई तह करके उसने एक गद्दी बनाई और उसे तिनकों पर बिछाकर तीनों अंडे उस पर धीरे से रख दिए।

श्यामा ने फिर कहा, 'हमको भी दिखा दो भइया।'

केशव—दिखा दूँगा, पहले जरा वह टोकरी दे दो, ऊपर छाया कर दूँ।

श्यामा ने टोकरी नीचे से थमा दी और बोली, 'अब तुम उतर आओ, मैं भी तो देखूँ!'

केशव ने टोकरी को एक टहनी से टिकाकर कहा, 'जा, दाना और पानी की प्याली ले आ, मैं उतर आऊँ तो दिखा दूँगा।'

श्यामा प्याली और चावल भी ले आई। केशव ने टोकरी के नीचे दोनों चीजें रख दीं और आहिस्ता से उतर आया।

श्यामा ने गिड़गिड़ाकर कहा, अब हमको भी चढ़ा दो भइया।

केशव—तू गिर पड़ेगी।

श्यामा—न गिरूँगी भइया, तुम नीये से पकड़े रहना।

केशव—न भइया, कहीं तू गिर-गिरा पड़ी तो अम्माँजी मेरी चटनी ही कर डालेंगी। कहेंगी कि तूने ही चढ़ाया था। क्या करेगी देखकर? अब अंडे बड़े आराम से हैं। जब बच्चे निकलेंगे, तो उनको पालेंगे।

दोनों चिड़ियाँ बार-बार कॉर्निस पर आती थीं और बगैर बैठे ही उड़ जाती थीं। केशव ने सोचा, हम लोगों के डर के मारे नहीं बैठतीं। स्टूल उठाकर कमरे में रख आया, चौकी जहाँ थी, वहाँ रख दी।

श्यामा ने आँखों में आँसू भरकर कहा, तुमने मुझे नहीं दिखाया, मैं अम्माँजी से कह दूँगी।

केशव—अम्माँ जी से कहेगी तो बहुत मारूँगा, कहे देता हूँ।

श्यामा—तो तुमने मुझे दिखाया क्यों नहीं?

केशव—और गिर पड़ती तो चार सर न हो जाते!

श्यामा—हो जाते, हो जाते! देख लेना मैं कह दूँगी।

इतने में कोठरी का दरवाजा खुला और माँ ने धूप से आँखों को बचाते हुए कहा, 'तुम दोनों बाहर कब निकल आए? मैंने कहा था न कि दोपहर को न निकलना? किसने किवाड़ खोला?'

किवाड़ केशव ने खोला था, लेकिन श्यामा ने माँ से यह बात नहीं कही। उसे डर लगा कि भैया पिटा जाएँगे। केशव दिल में काँप रहा था कि कहीं श्यामा कह न दे। अंडे न दिखाए थे, इससे अब उसको श्यामा पर विश्वास न था। श्यामा सिर्फ मुहब्बत के मारे चुप थी या इस कसूर में हिस्सेदार होने की वजह से, इसका फैसला नहीं किया जा सकता। शायद दोनों ही बातें थीं।

माँ ने दोनों को डाँट-डपटकर फिर कमरे में बंद कर दिया और आप धीरे-धीरे उन्हें पंखा झलने लगी। अभी सिर्फ दो बजे थे, बाहर तेज लू चल रही थी। अब दोनों बच्चों को नींद आ गई थी।

चार बजे यकायक श्यामा की नींद खुली। किवाड़ खुले हुए थे। वह दौड़ी हुई कॉर्निस के पास आई और ऊपर की तरफ ताकने लगी। टोकरी का पता न था। संयोग से उसकी नजर नीचे गई और वह उलटे पाँव दौड़ती हुई कमरे में जाकर जोर से बोली, 'भइया, अंडे तो नीचे पड़े हैं, बच्चे उड़ गए!'

केशव घबराकर उठा और दौड़ा हुआ बाहर आया तो क्या देखता है कि तीनों अंडे नीचे टूटे पड़े हैं और उनसे कोई चूने की-सी चीज बाहर निकल आई है। पानी की प्याली भी एक तरफ टूटी पड़ी है।

उसके चेहरे का रंग उड़ गया। सहमी हुई आँखों से जमीन की तरफ देखने लगा।

श्यामा ने पूछा, 'बच्चे कहाँ उड़ गए भइया?'

केशव ने करुण स्वर में कहा, 'अंडे तो फूट गए।'

'और बच्चे कहाँ गए?'

केशव—तेरे सिर में। देखती नहीं है अंडों से उजला-उजला पानी निकल आया है! वही दो-चार दिन में बच्चे बन जाते।

माँ ने सोटी हाथ में लिये हुए पूछा, 'तुम दोनों वहाँ धूप में क्या कर रहे हो?'

श्यामा ने कहा, 'अम्माँजी, चिड़िया के अंडे टूटे पड़े हैं।'

माँ ने आकर टूटे हुए अंडों को देखा और गुस्से से बोलीं, 'तुम लोगों ने अंडों को छुआ होगा?'

अब तो श्यामा को भइया पर जरा भी तरस न आया। उसी ने शायद अंडों को इस तरह रख दिया कि वह नीचे गिर पड़े। इसकी उसे सजा मिलनी चाहिए तो बोली, 'इन्होंने अंडों को छेड़ा था अम्माँजी।'

माँ ने केशव से पूछा, 'क्यों रे?'

केशव भीगी बिल्ली बना खड़ा रहा।

माँ—तू वहाँ पहुँचा कैसे?

श्यामा—चौके पर स्टूल रखकर चढ़े अम्माँजी।

केशव—तू स्टूल थामे नहीं खड़ी थी?

श्यामा—तुम्हीं ने तो कहा था!

माँ—तू इतना बड़ा हुआ, तुझे अभी इतना भी नहीं मालूम कि छूने से चिड़ियों के अंडे गंदे हो जाते हैं? चिड़िया फिर इन्हें नहीं सेती!

श्यामा ने डरते-डरते पूछा, 'तो क्या चिड़िया ने अंडे गिरा दिए हैं, अम्माँजी?'

माँ—और क्या करती! केशव के सिर इसका पाप पड़ेगा। हाय, हाय, जानें ले लीं दुष्ट ने!

केशव रोनी सूरत बनाकर बोला, 'मैंने तो सिर्फ अंडों को गद्दी पर रख दिया था, अम्माँजी!'

माँ को हँसी आ गई। मगर केशव को कई दिनों तक अपनी गलती पर अफसोस होता रहा। अंडों की हिफाजत करने के जोश में उसने उनका सत्यानाश कर डाला! इसे याद करके वह कभी-कभी रो पड़ता था। दोनों चिड़िया वहाँ फिर न दिखाई दीं।

*(साभार : खुलासा डॉटइन सहित कई अंतरजाल पर उपलब्ध)*

□

14

# फिल्मों में जीवन की राह दिखाती गौरैया

इनसानों के बीच रहनेवाली विलुप्ति या गायब की कहानी बनी नन्ही चिड़िया गौरैया को साहित्य में बहुत स्थान मिला है। लोकगीतों में भी गौरैया ने स्थान पाया है। घर-आँगन में फुदकनेवाली गौरैया को कहानी-कविता-गीत-संगीत में पिरोकर जीवंत किया गया है। देखा जाए तो साहित्य में गौरैया का विशेष स्थान है। साहित्य के बाद देखें तो राष्ट्रीय और अंतरराष्ट्रीय फिल्मों में भी गौरैया को महत्त्वपूर्ण जगह मिली है, लेकिन ज्यादा नहीं। जय भीम, गमनम, सूरराई पोटरू, यानी उड़ान, बिंबिसार, मेका सुरी, 2.0, पीटर रैबिट सहित अन्य फिल्मों में गौरैया को जगह मिली है।

दक्षिण की कई भाषाओं और हिंदी में डब 'जय भीम' में गौरैया को किसान मित्र के तौर पर दिखाया गया है और लोग भी खयाल रखते हैं। 2021 में बनी 'जय भीम' फिल्म, भारतीय तमिल भाषा की फिल्म है। यह टी.जे.

ज्ञानवेल द्वारा निर्देशित और 2डी एंटरटेनमेंट द्वारा निर्मित है। फिल्म में साउथ के सुपरस्टार सूर्या, प्रकाश राज, राजिशा विजयन, लिजोमोल जोस, राव रमेश और के. मणिकंदन मुख्य भूमिकाओं में हैं, जो 1993 की एक सच्ची घटना पर आधारित फिल्म है। फिल्म की कहानी सिंघनी और राजकन्नू नामक ईरुला आदिवासी जोड़े के जीवन और उन पर पुलिस की ज्यादतियों पर आधारित है। फिल्म के दृश्य में ग्रामीण परिवेश को दिखाया गया है और खेत में काम कर रहे किसान, खेतिहर मजदूर और उसके परिवार के लोग। अनाज को बरबाद करनेवाले चूहों का शिकार हैं तो वहीं, किसान मित्र गौरैया के झुंड का खेत के ऊपर मँडराना और किसान के बच्चे द्वारा डाले गए दाने को झुंड में आकर चुगना अद्‌भुत दृश्य है। यह दृश्य गौरैया संरक्षण को दिशा देता दिखता है।

तेलुगू फिल्म 'गमनम' में गौरैया को जीवनदाता के रूप में पेश किया गया है। फिल्म निर्माता रमेश करुटूरी, वेंकी पुषदापु और ज्ञान शंकर वी.एस. ने बखूबी फिल्म में तीन कहानियों का संकलन किया है। एक कहानी एक महत्त्वाकांक्षी क्रिकेटर के बारे में है, जो भारत के लिए खेलना चाहता है। दूसरी कहानी एक शिशु की माँ की है, जो अपने पति के भारत लौटने की प्रतीक्षा कर रही है और आखिरी कहानी झुग्गी-झोंपड़ियों में रहनेवाले बच्चों की दिल दहला देनेवाली है। शहर में बाढ़ तीनों कहानियों को अंतिम मोड़ देती है। फिल्म में गौरैया दूसरी और तीसरी कहानी में दृश्यबद्ध है। झुग्गी-झोंपड़ियों में रहनेवाले बच्चों को गौरैया के संग खेलते दिखाया गया। बच्चे टोकरी के जरिए गौरैया को फँसाते है और फिर उड़ाते हुए खुश हो जाते हैं। वहीं, एक महत्त्वपूर्ण दृश्य है। शहर, जब बाढ़ के आगोश में आ जाता है, तब नायिका नींद से सुबह उठती है तो घर (एक कमरे का) में पानी भरा देखती है। धीरे-धीरे कमरे में पानी भरने लगता है और वह अपने शिशु संग डूबने लगती है। दरवाजा भी नहीं खुलता और कोई मदद के लिए भी नहीं आता। खुद और अपने शिशु को बचाने की लड़ाई लड़ने लगती है। कमरे में पानी पूरी तरह से भर जाता है। तभी बंद रोशनदान पर लगे गत्ते को हटाते हुए एक गौरैया चीं-चीं करती आती है और नायिका का ध्यान अपनी ओर खींचते हुए

रोशनदान से बहार निकलते हुए बचने का रास्ता दिखाती है। नायिका अपने शिशु के संग रोशनदान को तोड़ घर से बाहर निकल आती है। अगर गौरैया रोशनदान के रास्ते कमरे में नहीं आती और वहाँ तक पानी पहुँच जाता तो तसवीर कुछ और होती। गौरैया अचानक से नायिका और बच्चे को बचाने नहीं आई थी, बल्कि नायिका दरवाजे के पास जब सूप से अनाज फटकती है तो गिरे अनाज को गौरैया चुगने आती है। नायिका उसकी ओर मुखातिब होती और उसे अनाज खाने को देती। संकट में महिला और शिशु को जहाँ इनसानी मदद नहीं मिली, वहाँ एक चिड़िया, वह भी गौरैया आती है। फिल्म की यह कहानी संदेश देती है। घर-आँगन से गायब गौरैया, जो हमसे दूर होती जा रही है, वह इनसान की दोस्त है। संकट में एक-दूसरे की मदद करते हैं। ऐसे में हम से रूठी गौरैया को बुलाने के लिए आहार (दाना-पानी) और आवासीय व्यवस्था देनी होगी। फिल्म के कहानीकार चाहते तो गौरैया की जगह किसी दूसरे पशु-पक्षी को रख सकते थे, लेकिन गौरैया को स्थान देकर इसके संरक्षण की दिशा में महत्त्वपूर्ण संदेश देने का काम किया है कि रोशनदान को बंद नहीं करें, बल्कि खोलें।

पक्षी अहसान ही नहीं, जीवन की राह को आसान बनाते हैं और रास्ता दिखाते भी हैं। चर्चित अभिनेता सूर्या की फिल्म 'सूरराई पोटरू', यानी 'उड़ान' में भी गौरैया रास्ता दिखाती मिलती है। बेहतरीन छायांकन के साथ गौरैया का फिल्म में अहम किरदार है। साउथ फिल्मों के सुपरस्टार अभिनेता सूर्या ने फिल्म में मुख्य भूमिका निभाई है, जो गाँववालों को सस्ते दामों में हवाई यात्रा कराने का सपना पूरा करने की कोशिश में जुटा है। वह एक एयरलाइंस खड़ी करना चाहता है, जिसके लिए वह लोन लेने जाता है। एयर डेक्कन के संस्थापक कैप्टन जी.आर. गोपीनाथ के जीवन पर आधारित इस फिल्म का नायक एक रुपए में हवाई यात्रा कराने के प्रोजेक्ट के को लेकर संघर्ष करता है। बात फिल्म में गौरैया की, तो एक दिन जब घर में नायक एयरलाइन को लेकर चिंतन में था और नायिका उनकी पत्नी सुंदरी उर्फ बोम्मी छत पर गौरैयों को दाना दे रही थी, तभी एक गौरैया घर में आ जाती है और छोटी-

छोटी उड़ान भरती है तो नायक के जेहन में छोटे विमान उड़ाने का आइडिया आता है और एक टर्बोप्रॉप विमान निर्माता के साथ सौदा करता है। हाल की इन साऊथ की फिल्मों में गौरैया एक आइकन की तरह है एक ओर जीवन बचाती है तो दूसरी ओर जीवन की उड़ान भरवाने में मददगार होती है।

रजनीकांत और अक्षय कुमार अभिनीत चर्चित फिल्म '2.0' में गौरैया की अहम भूमिका है। मोबाइल टॉवर से पक्षियों को होनेवाले नुकसान पर फिल्म केंद्रित है। फिल्म में पक्षीप्रेमी नायक पक्षीराज की कहानी गौरैया से जुड़ी है। पक्षीराज का जब अस्पताल में जन्म होता है, तब शरीर नीला पड़ गया था, साँसें रुकी थीं डॉक्टर ने जवाब दे दिया था, तभी एक मादा गौरैया खिड़की से आकर बच्चे की छाती पर बैठ जाती है और बच्चे के दिल के पास चोंच मारने लगती है, कई बार चोंच मारने के बाद···बच्चा चिहुँककर साँसें लेने लगता है। बच्चा रोने लगता है···उसकी साँसें चलने लगती हैं। गौरैया बच्चे के इर्द-गिर्द मँडराती है···। बच्चे की माँ और दादी हतप्रभ हो जाते है। ईश्वरी चमत्कार या इत्तेफाक मानते हैं...फिर गौरैया चीं-चीं की आवाज निकालती खिड़की से बाहर उड़ जाती है। कुछ साल बाद एक दिन जब बच्चा कमरे में सो रहा था, तब एक नर गौरैया खिड़की के पास आता है, उसके चोंच में तिनका था, जो पंखे के कप में घोंसला में डालना चाहता था, लेकिन पंखे के चलने से वहाँ तक नहीं जा पाता। बच्चा पक्षीराज पंखे को बंद कर देता है। गौरैया वहाँ जाकर घोंसले में तिनका रख बाहर उड़ जाता है। बच्चा पक्षीराज स्टूल पर चढ़कर घोंसले को देखता है, जहाँ अंडे हैं, तब बच्चा पक्षीराज पंखे का विद्युत् कनेक्शन काट देता है और ठान लेता है कि अपनी जिंदगी चिड़ियों के लिए समर्पित कर देगा और वह ऐसा ही करता है। पक्षियों की दुनिया बनाता है, सेवा एवं शोध करता और पक्षी विशेषज्ञ बन जाता है, सब लोग उसे 'पक्षीराज' पुकारते हैं, लेकिन मोबाइल टॉवर के लगने से मरते पक्षियों के दर्द को वह सहन नहीं कर पाता और टॉवर पर चढ़कर आत्महत्या कर लेता है। मृत पक्षियों की आत्मा पक्षीराज की आत्मा से मिल जाती हैं और पक्षीराज ताकतवर बनकर मोबाइल तंत्र के खिलाफ लड़ाई शुरू कर देता है।

पक्षीराज अपनी कहानी सुनाने के लिए इनसानी रूप में जब आता है तो उसे इनसानी रूप देने के लिए गौरैयों की झुंड ही उसे आकर देती हैं। फिल्म में गौरैया जीवनदाता की भूमिका में तो है कि इनसान की ही तरह जीव-जंतु भी प्राकृतिक चिकित्सा की जानकारी रखते हैं। गौरैया ने भी दिल के पास चोंच से पंच कर बच्चे के दिल को गतिशील बनाया। साथ ही झुंड बन ताकत का प्रतीक भी है, फिल्म में यह रेखांकित है।

21 अक्तूबर, 2022 में आई साउथ के चर्चित हीरो नंदामुरी कल्याण राम अभिनीत एन.टी.आर. आर्ट्स द्वारा निर्मित और मल्लीदी वशिष्ठ द्वारा लिखित और निर्देशित फिल्म 'बिंबिसार' में गौरैया झुंड में दिखाई गई। तमिल, कन्नड़, मलयालम और तेलुगू में बनी यह फिल्म कल्पनाओं/ऐतिहासिक पात्रों से घिरी है, जहाँ विलुप्त होती गौरैया को भी जगह मिली है। दृश्य में जब राजा बिंबिसार अपने मंत्रीगण से महल के खुले परिसर में मंत्रणा कर रहा हैं, तभी गौरैया झुंड में आती है, दाना चुगती है। बातचीत के क्रम में आक्रोश में आकर राजा एक गौरैया को पकड़ लेता है और अपने गुस्से का इजहार करता है, हालाँकि, बाद में गौरैया को उड़ा देता है।

वर्ष 2020 में आई हॉलीवुड की एनिमेशन फिल्म 'पीटर रैबिट' सहित और भी कई फिल्मों में गौरैया को देखा जा सकता है। हॉलीवुड की फिल्म 'पीटर रैबिट' यह एक एनिमेशन फिल्म है और जीव-जंतुओं के साथ गौरैया को दिखाया गया है। फिल्म में मनमोहक गौरैया का झुंड गीत-नृत्य करते दिखता है।

यूट्यूब पर भी गौरैया की कई कार्टून फिल्म हैं। लोकगायिका चंदन तिवारी का गीत 'का खाऊ का पीऊ का ले के परदेस जाऊँ' काफी चर्चित है, जो गौरैया की खूँटे में फँसी एक दाल की कथा है, जिसे पाने के लिए वह अथक संघर्ष करती है। गीत में 'अपने परिवार के भोजन के लिए खूँटे में फँसे दाल के एक दाने के लिए बढ़ई से लेकर राजा, रानी, साँप, बाँस, जंगल, आग, समुद्र और हाथी तक से फरियाद करनेवाली मासूम चिड़िया की मासूम कहानी बच्चों सहित बड़ों को अपनी और खींचती है। नन्ही गौरैया

को दाल का वह दाना वापस मिलता है, चींटियों के साथ और सहयोग से। गौरैया की दिल को छूनेवाली व्यथा अथक संघर्ष की वह कहानी है, जो हर नन्हे और कमजोर को बल देती है। गौरैया माँ का प्यार, गर्भवती गौरैया, गरीब गौरैया की कठिनाई, गरीब गौरैया बच्चे, चूड़ी बेचनेवाली गौरैया, गौरैया की तीन संतानें, गौरैया और बंदर की कहानी सहित कई कार्टून फिल्म यूटूब पर हैं, जो गौरैया चरित्र पर केंद्रित हैं। पशु हो या पक्षी, इनसान के साथ इनका गहरा संबंध है, खासकर घरेलू पशु-पक्षियों का। ऐसे में हमारा भी फर्ज बनता है कि उनका खयाल हम रखें, खासकर विलुप्ति या पलायन की ओर बढ़ रही गौरैया का, क्योंकि गौरैया एक घरेलू पक्षी है। ऐसे में फिल्म के जरिए गौरैया-संरक्षण का संदेश मायने रखता है।

□

# 15

# गौरैया की शहादत को समर्पित स्मारक

यों तो भारत सहित विश्व भर में महान् विभूतियों, सैनिकों और नेताओं की स्मारक या मूर्तियाँ चौक-चौराहा या प्रमुख स्थलों पर लगी मिल जाएँगी, लेकिन प्रकृति और सभी जीवित प्राणियों के लिए गहरा प्रेम प्रकट करता, एक अद्वितीय स्मारक गुजरात के अहमदाबाद में है, जो एक गौरैया पक्षी को समर्पित है। यह स्मारक, यानी पट्टिका खुद में अनूठी है, क्योंकि यह संभवत: दुनिया का एकमात्र स्मारक है, जो एक पक्षी गौरैया की शहादत को समर्पित है। नितिन सांगवान, आई.ए.एस., अधिकारी सहित कई लोगों ने यह जानकारी ट्विटर पर फोटो के साथ शेयर कर मानवीय संवेदना को जन-जन तक पहुँचाने का काम किया है।

गौरैया संरक्षण में लगे गौरैया प्रेमियों के लिए यह जानकारी रोचक है। गौरैया की शहादत को समर्पित स्मारक प्रकृति और सभी जीव-जंतुओं के प्रति गहरे प्रेम और मानवीय संवेदना को दरशाता है। यों तो पालतू जीवप्रेमी अपने पालतू पेट की याद में स्मारक बनाते मिल जाते हैं। फिल्मों में भी यह दिख जाता है, लेकिन घरेलू पक्षी गौरैया नहीं दिखती है। सोशल मीडिया रिपोर्ट को देखें तो 2 मार्च, 1974 को रोटी रामखान (नवनिर्माण आंदोलन) आंदोलन के दौरान शाम 5.25 बजे पुलिस फायरिंग में कई लोग गोली के शिकार हुए थे, इसमें एक नन्ही गौरैया की भी मौत हो गई थी। इस बात का जिक्र स्मारक पर गौरैया के लिए लिखे गए संदेशों के साथ खुदी हुई है, जो सीमेंट की पट्टिका पर उकरा हुआ है। गौरैया की शहादत को समर्पित स्मारक-पट्टिका

की संरचना के ऊपरी हिस्से में अंग्रेजी और गुजराती दोनों में उत्कीर्ण संदेश है, संरचना के निचले हिस्से में एक गौरैया की आकृति है, जो पुष्पांजलि की तरह पत्तियों से घिरी हुई है।

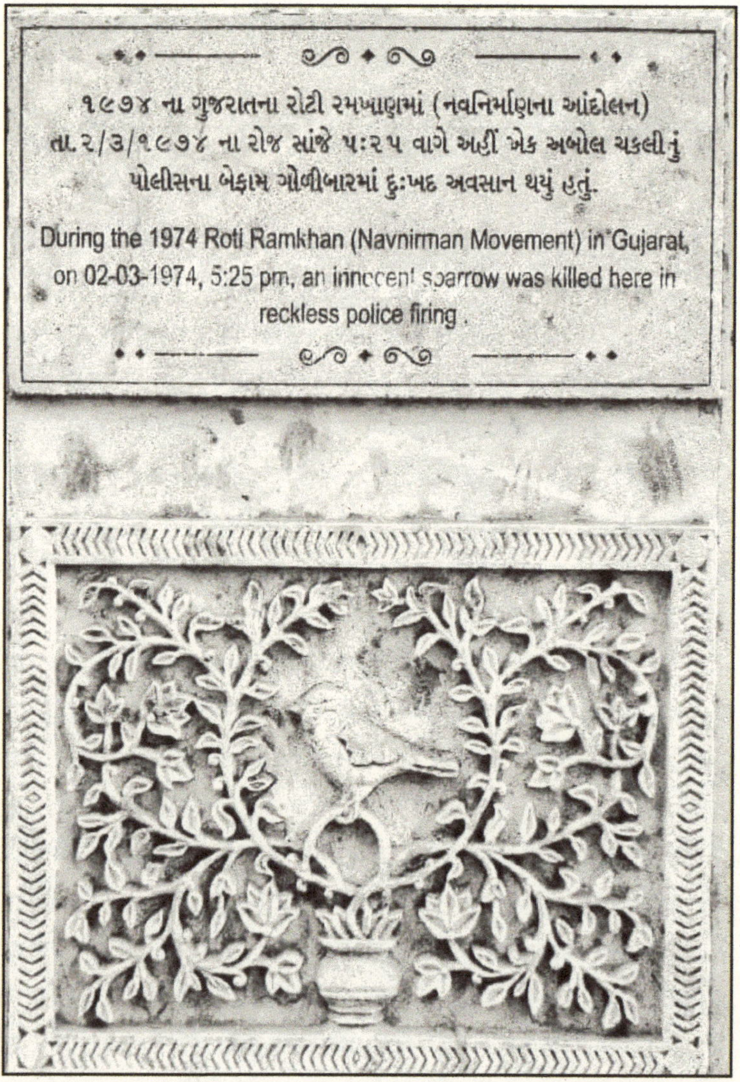

गौरैया के स्मारक के सवाल पर गुजरात के चर्चित स्पैरोमैन जगत् कीनखाबवाला कहते हैं, 'सालों से अहमदाबाद में बड़ी संख्या में गौरैया मानव के साथ-साथ सहअस्तित्व में जी रही है। पक्षियों कि लिए दाना-पानी और गौमाता के लिए खाना देना लोगों के दिनचर्या का हिस्सा है। वर्षों से पक्षियों के दाने के लिए काफी जगह ऐतिहासिक व्यवस्था है, जिसे बहुत प्रेम के साथ सँजोए गए हैं। आज भी ऐसे सदियों पुराने चबूतरे हैं, जो वर्ल्ड हैरिटेज सिटी अहमदाबाद का एक हिस्सा हैं। अलग-अलग रंग और निकासी से पत्थर और लकड़ी से बनाए गए हैं। गौरैया सभी के घर में घोंसला बनाए, वो सामान्य बात थी और सालों से मानव के साथ गौरैया का जीवन चलता आ रहा है। ऐसे में नवनिर्माण जन आंदोलन में कई लोग शहीद हुए थे और उसमें गौरैया भी शहीद हुई। बात साफ थी कि गौरैया इनसान की जिंदगी और दिल के करीब थी। मसला सह-अस्तित्व का था, इसलिए लोगों ने गौरैया की शहादत को यादगार बनाने के लिए स्मारक बनवाया।'

देखा जाए तो अहमदाबाद शायद दुनिया में एकमात्र ऐसी जगह है, जहाँ एक गौरैया की शहादत को याद करनेवाली पट्टिका है। जो दरशाता है कि गौरैया, इनसान के घरों और उसके आसपास रहनेवाली एक घरेलू चिड़िया है। इनसान के सुख दुःख की साथी और किसानों की मित्र है। वहीं 1958 में चीन में अनाज की बरबादी के लिए गौरैया सहित चार पेस्ट के मारने के आह्वान के बाद चीन से गौरैया को विलुप्त कर दिया गया। बाद में पता चला कि आनाज की बरबादी में गौरैया की कोई भूमिका नहीं है, तब तक बहुत देर हो गई थी। इस शर्मनाक घटना की याद या भूल को सुधारने के लिए कोई स्मारक या पट्टी नहीं लगाई गई।

गौरैया, बिहार और दिल्ली की राजकीय पक्षी जरूर है, लेकिन इसकी विलुप्ति और संरक्षण को लेकर पूरा विश्व सजग है। इनसान के बीच रहनेवाली गौरैया इनसान से दूर हो गई है, लेकिन गौरैया प्रेमी/संरक्षक इसकी वापसी को लेकर सक्रिय है। बिहार की राजधानी पटना के कंकड़बाग में गौरैया की एक कलाकृति लगाई गई है, ताकि लोग उसे देख उसके संरक्षण

के लिए आगे आएँ। विलुप्त होती गौरैया के संरक्षण का संदेश देने और पटना नगर निगम की ओर से सॉलिड वेस्ट मैनेजमेंट के गोल्डन रूल रीड्यूस, रीयूज व रीसाइकिल के प्रति भी लोगों को जागरूक करने का प्रयास इसके तहत किया गया है। कंकड़बाग टैंपू स्टैंड गोलंबर पर गौरैया विशेष कलाकृति सजाई गई है। आमतौर पर शहर के गोलंबर पर पथ प्रदर्शक महापुरुषों की मूर्ति या फव्वारे लगाए जाते हैं, लेकिन टैंपू स्डैंट गोलंबर शहर का पहला ऐसा गोलबंर है, जहाँ वेस्ट टू वंडर थीम पर गौरैया की कलाकृति तैयार की गई है। पटना आर्ट्स कॉलेज के तीन पूर्ववर्ती छात्रों ने दो हफ्तों में इस कलाकृति को तैयार किया। इसे बनाने में पुरानी, बेकार चीजों, जैसे—पानी की टंकी, पाइप, डस्टबिन आदि का इस्तेमाल किया गया है। पटना में कबाड़ से बनी गौरैया की एक कलाकृति अहमदाबाद की शहीद गौरैया का स्थान नहीं ले सकती, लेकिन संदेश जरूर देती है कि हमारा संरक्षण करें!

□

## 16

# गौरैया…संरक्षण के लिए बनें स्पैरो जोन

घर-आँगन की प्यारी सी नन्ही जान गौरैया को संरक्षित करने की दिशा में यों तो देश भर में काम चल रहा है। सरकारी पहल भी दिख रही है तो निजी और संगठनात्मक भी। कोई आवासीय संकट से उबारने के लिए नेस्ट (चिड़ियाघर) लगा रहा है तो कोई दाना-पानी की व्यवस्था कर रहा है। हर ओर गौरैया संरक्षण की पहल दिख रही है। इस दिशा में रेलवे ने 'स्पैरो जोन' बनाकर मिसाल कायम की है। गुजरात का उधना स्टेशन को स्पैरो जोन (गौरैया का इलाका) बनाकर गौरैया संरक्षण का अलख रेलवे जगा रहा है। यहाँ 'स्पैरो जोन' का बोर्ड लगा है, जिस पर झुंड में गौरैया की तसवीर है। साथ ही शेड पर गौरैया के कटआउट भी लगे हैं।

यहाँ गौरैया को पर्यावरण अनुकूल अधिवास दिया गया है। यहाँ भरपूर

हरियाली भी है। पर्यावरण एवं गौरैया संरक्षण में सक्रिय पटना के नरेश अग्रवाल ने रेल यात्रा के दौरान 'स्पैरो जोन' की वीडियो एवं फोटो भेजी है। सैकड़ों की तादाद में उधना रेलवे स्टेशन के स्पैरो जोन में गौरैयों को चहकते देख वे अपने को रोक नहीं पाए। वीडियो बनाया और तसवीरें खींचीं। वहाँ के लोगों ने बताया कि सुबह से शाम तक उधना स्टेशन परिसर झुंड में गौरैयों की अठखेलियाँ और चीं-चीं की आवाज से गुलज़ार रहता है। ऐसा लगता है, जैसे उधना रेलवे स्टेशन परिसर पर सिर्फ और सिर्फ गौरैयों रहती हों! सच भी है, उधना रेलवे परिसर गौरैयों का घर है, जहाँ वर्षों से ये चहकती-फुदकती चली आ रही हैं। जहाँ गौरैया शहर और गाँव से गायब हो रही है, वहीं रेलवे स्टेशन परिसर में सैकड़ों की तादाद में पाया जाना और उनका संरक्षण करना बड़ी बात है। उधना रेलवे स्टेशन परिसर को गौरैया के वास को देख 'स्पैरो जोन' बना देना काबिलेतारीफ है।

उधना रेलवे स्टेशन स्पैरो जोन की तरह देश के सभी रेलवे स्टेशन को स्पैरो जोन बना देना चाहिए, क्योंकि लगभग हर रेलवे स्टेशनों पर गौरैया सहित दूसरी चिड़ियों का सुरक्षित बसेरा है। यहाँ उन्हें आहार और आवास के लिए समुचित व्यवस्था होती है, जो पूरी तरह से सुरक्षित भी है। रेलवे स्टेशन के पास गोदाम होने से आहार की कमी नहीं रहती साथ ही लोगों द्वारा फेंका गया भोजन आदि भी मिल जाता है। यहाँ पानी की कमी नहीं रहती है। आवास की कमी स्टेशन परिसर पूरी करता है। प्लेटफॉर्म के शेड और स्टेशन की खुली इमारतों के वेंटिलेशन और सुरक्षित खोह में ये रहते हैं। सबसे अहम बात यह है कि घरेलू गौरैया का स्वभाव होता है, इनसान के बीच रहने का, और रेलवे स्टेशन पर हर वक्त लोग रहते हैं। ऐसे में वह खुद को और सुरक्षित महसूस करती है।

गोमो रेलवे स्टेशन की तसवीर सुनील सरीन ने भेजकर बताया कि बिजली के तार पर सैकड़ों गौरैया बैठी रहती हैं। ये बिजली के तार, मुँडेर, शेड और झुंड में आसमान में उड़ते हुए अद्‌भुत नजारा रोज पेश करते हैं, जो अमूमन हर रेलवे स्टेशन का होता है।

गौरैया बिहार और दिल्ली की राजकीय पक्षी होने के बाद भी यहाँ एक भी क्षेत्र 'स्पैरो जोन' नहीं बना है। रेलवे स्टेशन न सही, जहाँ-जहाँ ये तादाद में दिखती रहती हैं, उस इलाके को 'स्पैरो जोन' बनाया जाना चाहिए और वहाँ उनके अनुकूल दाना-पानी और आवास की व्यवस्था करना चाहिए। पेड़ों के काटने और कंक्रीट के जंगलों की वजह से चिड़ियों के समक्ष आवासीय संकट गहराया है, जिसे दूर करने के लिए देश भर में पहल चल रही है। कही सामूहिक आवास, तो कहीं एक से दस या उससे ज्यादा बॉक्स, यानी नेस्ट लगाए जा रहे हैं। खासकर गौरैया के लिए, लेकिन 'स्पैरो जोन' नहीं बन रहा है।

गुजरात के अमूनन हर गाँव में गौरैया सहित अन्य चिड़ियों को आवासीय संकट से उबारने के लिए चिड़िया महल या मीनार बने मिल जाएँगे, जहाँ सैकड़ों खोह बना रहता है, ताकि कोई भी पक्षी उसमें अपना घोंसला बना सकें। गुजरात प्रान्त की सीमा से लगे ग्राम पिटोल के पास शांति लीला जैन विहार धाम के समीप फोरलेन से लगे क्षेत्र में 6 लाख रुपए की लागत से बनी करीब 60 फीट ऊँचाई के छह मंजिल टॉवर में 360 पक्षी घर है, जिसमें 1,000 से 1,200 पक्षी सुरक्षित रूप से निवास कर सकते हैं। इसकी प्रत्येक मंजिल पर 60 पक्षी घर बनाए गए हैं। पक्षी यहाँ सुरक्षित रूप से बैठकर दाना भी चुगते हैं। दूसरे हमलावर पक्षी और जीव-जंतु इस पक्षी घर में प्रवेश नहीं कर सकें, इसका खयाल रखा गया है। वहीं 'लीनिंग टॉवर ऑफ पीसा' मीनार जैसी दिखनेवाली एक मीनार राजस्थान के बीकानेर में 11 मंजिला बर्ड टॉवर है, जो दिखने में एकदम पीसा की मीनार ही तरह ही लगता है। गोल-गोल बना यह टॉवर चिड़ियों के लिए है। बताया जाता है कि इस 11 मंजिला टॉवर में एक हजार से भी अधिक पक्षी आराम से रह सकते हैं।

दरअसल, आज के समय में जिस तेजी से पेड़-पौधे काटे जा रहे हैं और उनकी जगह ऊँची-ऊँची इमारतों ने ले ली है, ऐसे में पक्षियों के अस्तित्व पर ही खतरा मँडराने लगा है। सिर्फ बीकानेर ही नहीं, बल्कि राजस्थान के हर गाँव में ऐसे टॉवर बन रहे हैं। वहीं, मध्य प्रदेश के धार जिले के बदनावर

में पक्षियों के रहने के लिए एक अनोखा घर समाजसेवियों ने बनाया है। यह पक्षियों का घर कुतुब मीनार की तरह दिखाई देता है। गौमाता सेवा संस्था के अध्यक्ष यशपाल सिंह सिसोदिया कहते हैं कि जब वह गुजरात गए थे, तब वहाँ पर उन्होंने पक्षी घर देखा था। इसी को देखने के बाद उन्होंने अपने दिल और दिमाग में ठान लिया था कि परिंदों के लिए यह आशियाना धार के बदनावर में बनाएँगे। यह 60 फीट ऊँचा है और इस पक्षी घर में 650 घोंसले हैं, जिनमें करीब 2000 परिंदे अपने परिवार सहित सुरक्षित रह सकेंगे। 'पक्षी घर' सात स्टेप में बनाया गया है। राजस्थान के डूंगरपुर नगर परिषद् ने नाना भाई पार्क में बेजुबान पक्षियों के लिए 50 फीट ऊँचा आश्रय घर बनाया है। इसमें सैकड़ों पक्षियों को एक साथ रहने की व्यवस्था है। गुजरात और कर्नाटक के बड़े-बडे शहर और कस्बों में पक्षियों के लिए आश्रय घर बनाने की परंपरा है। मध्य प्रदेश के झाबुआ में जैन संप्रदाय झाबुआ के जीवदया प्रेमी लीलाबाई शांतिलाल भंडारी एवं उनके परिवार ने ग्राम पिटोल के समीप चिड़ियों के लिए छह मंजिला आवास बनाया गया है, जिसकी ऊँचाई 60 फीट है। बिहार के रोहतासगंज में अर्जुन सिंह ने अपने घर की दीवार पर सैकड़ों छेद करवा दिया है, जिसमें सैकड़ों गौरैया रहती है। ऐसे कई लोग हैं, जिन्होंने गौरैया को अधिवास दिया है।

जरूरत है स्पैरो जोन बनाने की, ताकि जहाँ गौरैया का वास है, वहाँ उसे हर व्यवस्था मिले। स्पैरो जोन, यानी गौरैया का इलाका, उसके रहने के लिए आवासीय व्यवस्था, दाना-पानी, हरियाली और सुरक्षा का सुनिश्चित होना। साथ में पेड़-पौधा लगाना भी, क्योंकि गौरैया को बोगनवेलिया, बबूल, नीबू, समी और झुरमुट वाले छोटे पेड़ पसंद हैं, जिसमें वह छुपकर बैठती है, इन्हें लगाने की जरूरत है।

□

17

# गौरैया के बारे में रोचक तथ्य

- गौरैया से विश्व को प्रथम परिचय 1851 में अमेरिका के ब्रूकलिन इंस्टीट्यूट ने कराया था।
- गौरैया एक परिचित छोटी चिड़िया है, जिसकी संख्या में विश्व भर में गिरावट आई है, फिर भी भारत, ब्रिटेन और आयरलैंड सहित दुनिया के कई हिस्सों में यह पाई जाती है।
- गौरैया का वैज्ञानिक नाम 'पैसर डोमेस्टिकस' है, असल में ये पक्षियों के पैसर वंश की एक जीव वैज्ञानिक जाति है।

- गौरैया की लगभग छह तरह प्रजातियाँ हैं—हाउस स्पैरो (घरेलू गौरैया), स्पेनिश स्पैरो, सिंड स्पैरो, रसेट स्पैरो, डेड सी स्पैरो और ट्री स्पैरो।
- गौरैया की कई उप-प्रजातियाँ हैं, लेकिन सिर्फ 12 ही 'बड्र्स ऑफ द वर्ल्ड' पुस्तिका में दर्ज है।
- विश्व भर में घर-आँगन में चहकने-फुदकनेवाली छोटी सी प्यारी चिड़िया गौरैया की आबादी में 60 से 80 फीसदी तक की कमी आई है।
- ब्रिटेन की 'रॉयल सोसाइटी ऑफ प्रोटेक्शन ऑफ बड्र्स' ने भारत से लेकर विश्व के विभिन्न हिस्सों में अनुसंधानकर्ताओं द्वारा किए गए अध्ययनों के आधार पर गौरैया को 'रेड लिस्ट' में डाला है।
- आंध्र विश्वविद्यालय द्वारा किए गए अध्ययन के मुताबिक, गौरैया की आबादी में करीब 60 फीसदी की कमी आई है।
- गौरैया की संख्या में कमी के पीछे के कारणों में आहार की कमी, बढ़ता आवासीय संकट, कीटनाशक का व्यापक प्रयोग, जीवन-शैली में बदलाव, प्रदूषण और मोबाइल फोन टॉवर से निकलनेवाले रेडिएशन को दोषी बताया जाता रहा हैं।
- मोबाइल टॉवर से गौरैया को नुकसान को लेकर यदि किसी नागरिक को यह आशंका है कि किसी मोबाइल टॉवर से विभाग द्वारा निर्धारित सुरक्षित मानकों से अधिक रेडियो तरंगों का उत्सर्जन हो रहा है तो https://tarangsanchar.gov.in/emfportal के तरंग संचार पोर्टल पर ई.एम.एफ. मापन/परीक्षण के लिए लिखित अनुरोध कर सकते हैं।
- जहाँ-जहाँ इनसान गया उसके पीछे गौरैया गई, हालाँकि, पक्षी

वैज्ञानिक मानते हैं कि गौरैया की उत्पत्ति मध्य-पूर्व में हुई थी। 19वीं सदी के मध्य से यह कुछ जहाजों की मदद से और कुछ प्राकृतिक माध्यमों से दुनिया के अलग-अलग हिस्सों में फैल गई।

- गौरैया चिड़िया का उल्लेख 'बाइबल' सहित कई प्राचीन ग्रंथों, पुस्तकों और पांडुलिपियों में मिलता है।
- नर गौरैया के गले पर जो काला धब्बा होता है, उसे 'बिंब' कहा जाता है। मादा के गले के नीचे कोई धब्बा नहीं होता, सिर्फ सोनकंठी गौरैया को छोड़कर।
- युवा अवस्था में नर और मादा दोनों गौरैया का चोंच हलका गुलाबी होता है। धीरे-धीरे नर गौरैयों की चोंच गहरे भूरे रंग की हो जाती है, लेकिन प्रजनन का मौसम आते ही वह काले रंग में बदल जाती है।
- गौरैया पक्षी में नर और मादा में भेद करना बहुत ही आसान होता है, नर के सिर का ऊपरी भाग, नीचे का भाग और गालों पर भूरे रंग का होता है। गला चोंच और आँखों पर काला रंग होता है। पैर भूरे रंग के होते हैं। मादा के सिर और गले पर काला रंग नहीं होता है।
- गौरैया पक्षी की आँखों की रेटिना में प्रति वर्ग मिलीमीटर 3 लाख फोटोसिसेप्टर होते हैं।
- गौरैया आमतौर पर लगभग 24 मील प्रति घंटे की रफ्तार से उड़ती हैं, लेकिन खतरे में होने पर वे 31 मील प्रति घंटे की रफ्तार तक पहुँच सकती हैं। गौरैया पक्षी लंबाई करीब 16 सेंटीमीटर के आसपास होती है।
- गौरैया पक्षी का वजन कम से कम 23 से 40 ग्राम होता है।
- गौरैया प्रतिदिन 2 से 6 ग्राम दाना चुगती है। गौरैया की जुबान में एक अतिरिक्त हड्डी होती है, जो अन्य पक्षियों में नहीं होती, यह हड्डी

उनकी जुबान को मजबूत बनाती है।

- गौरैया प्रवासी पक्षी नहीं है। यह झुंड में रहनेवाली है और पलायन भी करती हैं। ज्यादातर एक से पाँच किलोमीटर के दायरे में घूमती या स्थानांतरण करती रहती हैं।
- गौरैया अलग-अलग जलवायु में जीवित रह सकती है, लेकिन यह ऊष्णकटिबंधीय क्षेत्र के जलवायु रह्ना अधिक पसंद करती है।
- गौरैया अधिकतर शहर, कस्बे, गाँव, और खेत-खलिहान के नजदीक इनसान के बीच रहना पसंद करती है।
- एक आंकलन के अनुसार दुनिया में गौरैया की आबादी तकरीबन 1.6 अरब हैं।
- गौरैया अपनी चोंच को पंखों के नीचे दबाकर सोती है या जब आराम करती है।
- गौरैया पानी में डूबती नहीं है, तैरते हुए स्नान करती है।
- गौरैया अपने साथियों से बात करने के लिए, तरह-तरह से आवाज तो निकालती ही है, साथ ही सांकेत का भी प्रयोग करती है। खतरे को तुरंत भाँप लेती है और साथी को अपनी पूँछ फड़फड़ाकर देह की भंगिमा से आगाह करती है।
- कुछ विशेषज्ञ मानते हैं कि गौरैया जब उदास अवस्था में होती है या तनाव में रहती है तो पूँछ को बार-बार पटकती है, हालाँकि, कई बार उसे खुशी के क्षण में भी ऐसा करते देखा जा सकता है।
- जब नर गौरैया मादा को आकर्षित करता है, तब वह अपनी छाती को फुलाकर, अपने पंख नीचे फैलाते हुए और पूँछ को हिलते हुए मादा गौरैया के इर्द-गिर्द सुरीली आवाज निकालते हुए नृत्य करता है।

- शहर या गाँव के आसपास जब भी इनसान नई बस्ती का निर्माण करता है, गौरैया वहाँ रहने पहुँच ही जाती है।
- गौरैया पक्षी प्रजनन के मौसम में जोड़ी में रहते हैं, हालाँकि, ये अकसर सामूहिक रूप से रहना पसंद करते हैं।
- गौरैया अपने स्वास्थ्य का खुद खयाल रखती है। फूल और पत्ते का सेवन कर अपने को स्वस्थ रखती है। पीले फूलों को खाना पसंद करती है। साथ ही गेंदा, तुलसी, नीम के कोमल पत्तों को भी खाती है, जो औषधि के तौर पर जाने जाते हैं।
- गौरैया कभी चलती नहीं, बल्कि जमीन पर फुदक-फुदक (कूद-कूद) कर चलती है।
- गौरैया ज्यादातर झुंड में ही रहती है।
- गौरैया रेत-मिटटी, पानी और धूप स्नान करती है। पानी में नहाते के बाद धूप में बैठती है। देह को मिटटी में रगड़ते धूल को ऊपर उड़ाते हुए धूल स्नान करती है। गौरैया मिटटी स्नान, यानी खेलते-खेलते एक छोटा सा गड्ढा बना लेती है।
- गौरैया को घरेलू बिल्लियाँ, कुत्ते, बाज, कौआ शिकार बनाते हैं।
- एक वयस्क गौरैया ज्यादातर अनाज और जमीन पर उगनेवाली घास का बीज का भोजन करती है, लेकिन राशन आदि दुकान के पास गिरे खाद्य सामग्री को भी खाती है।
- खेत-खलिहान में रहनेवाली गौरैया के आहार में 90 प्रतिशत बीज होते हैं।
- गौरैया उड़ते हुए, आँखों में अजीब चमक लिए 10 से 20 सेकेंड के कई समय चक्र में प्रजनन करता हैं।
- अंडों से चूजे बाहर आने के तुरंत बाद प्रजनन के मौसम में गौरैया

पुनः प्रजनन के लिए तैयार हो जाती है। इसलिए इनके बच्चे कई राउंड में निकलते हैं।

- प्रजनन के मौसम में नर गौरैया घोंसला बनाकर मादा गौरैया को रिझाता है जोड़ा बन जाने के बाद फिर दोनों घोंसले में तिनका भी रखते हैं।
- आमतौर पर एक मादा गौरैया सालभर में 2 से 5 अंडे देती है। अंडे सफेद जिन पर भूरे रंग के छोटे-छोटे धब्बे होते हैं। अंडों की लंबाई 20 से 22 मिमी. और चौड़ाई 14 से 16 मिमी. होती है। अंडे का औसत द्रव्यमान 2.9 ग्राम होता है।
- मादा गौरैया जब अंडे सेती है, तब इस नर गौरैया घोंसले के बाहर पहरा देता है, अगर नर या मादा को कुछ हो जाए और बच्चे निकल आएँ तो दूसरे गौरैया पालने या सुरक्षा देने आ जाते हैं। सालिम अली ने भी इसकी चर्चा अपनी पुस्तक में की है।
- गौरैया अपने अंडों को 11 से 15 दिनों तक सेती है। अंडों के फूटकर उसमें से गौरैया के चूजे बाहर आने के बाद युवा गौरैया चूजे 11 से 25 दिनों तक, सामान्यतः 14 से 16 दिनों घोंसले में रहते हैं। इन दिनों में नर और मादा दोनों अपने बच्चों का भरण-पोषण करते हैं।
- गौरैया अपने नवजात बच्चों को कीड़ों का आहार देती है। कीड़ा से उसे प्रोटीन मिलता है और पोषण अच्छा होता है।
- गौरैया के बच्चे अंडों से निकलने के चार से छह दिनों बाद अपनी आँखें खोलते हैं।
- गौरैया पृथ्वी के पारिस्थितिकी तंत्र के लिए काफी महत्त्वपूर्ण भूमिका निभाती है।

- गाँव और शहर के कई हिस्सों में गौरैया का शिकार मांस (आहार) के लिए किया जा रहा है, जो कि कानूनी तौर पर गलत है।
- ये गौरैया पक्षी किसान प्रेमी होता है। कारण कि यह फसलों में पाए जानेवाले कीटों को खत्म कर देती है।
- गौरैया का जीवनकाल लगभग 3 से 4 साल के आसपास होता है।
- नेचर फॉर एवर सोसाइटी द्वारा एवं बाम्बे नेचुरल हिस्टरी सोसाइटी, कार्नेल लैब्स ऑफ आर्निथोलोजी (यू.एस.ए.), इकोसिस एक्शन फाउंडेशन (फ्रांस) तथा एवन वाइल्ड-लाइफ ट्रस्ट के प्रयास से 20 मार्च, 2010 में 'विश्व गौरैया दिवस' मनाया जाना तय हुआ।
- गौरैया के संरक्षण को बढ़ावा देने के लिए, 15 अगस्त, 2012 में दिल्ली सरकार और 17 अप्रैल, 2013 में बिहार सरकार ने राज्यकीय पक्षी घोषित किया।
- 'बॉम्बे नेचुरल हिस्टरी सोसाइटी' से जुड़े प्रसिद्ध पर्यावरणविद मोहम्मद ई दिलावर ने 2008 से गौरैया संरक्षण शुरू की थी। आज यह दुनिया के 50 से अधिक देशों तक पहुँच गई है।
- बचपन में बच्चे गौरैया को पकड़ने की कोशिश करते हुए खेला करते थे। टोकरी के नीचे चावल रख इसे फँसाते और पकड़ने के बाद गौरैया पर रंग डालकर उड़ा देते थे। जब दोबारा वह आती थी तो उसे पहचानकर 'मेरी गौरैया''मेरी गौरैया' कह चहकते।
- 1958 में चीन के प्रशासक ने अनाज की बरबादी के लिए गौरैया को दोषी करार देकर उसके खात्मे का फरमान जारी कर दिया था और देखते-देखते गौरैया का पूरी तरह से सफाया कर दिया गया था।
- देश के हिंदी क्षेत्रों में यह छोटी सी चिड़िया 'गौरैया' के नाम से लोकप्रिय है। तमिलनाडु व केरल में कूरूवी, तेलुगू में पिच्चूका,

कन्नड़ में गुब्बाच्ची, पश्चिम बंगाल में चराई पाखी, ओडिशा में घरचटिया, मराठी में चिमानी, पंजाब में चिड़ी, जम्मू तथा कश्मीर में चेर, गढ़वाली में घिनदुदी और गुजरात में चकली, सिंधी में झिरकी, उर्दू बोलनेवाले में इसे चिड़िया (गौरैया), सिंधी में झिरकी, भोजपुरी में फुर्दुगी, अंगिका में बागरो कहा जाता है, साथ ही स्थानीय स्तर पर अलग-अलग नाम से भी पुकारा जाता है।

- आम भाषा में नर गौरैया को 'चिड़ा' और मादा को 'चिड़िया' भी कहा जाता है।
- गौरैया' गंदा पानी नहीं पीती है।
- गौरिया के एक डैना में 16 पंख होते हैं, यानी दोनों मिलाकर 32 पंख। वहीं पूँछ में 6-6 यानी 12 पंख होते हैं।
- गाय और गोबर का संबंध है। जहाँ गाय और गोबर होगा, वहाँ गौरैया होगी, बल्कि दिखती है। वजह है, गौरैया गाय के गोबर से निकले अपचे भोजन को तो खाती ही है, बाद में जब वह सड़ जाता है तो उसमें से जो निकलनेवाले कैटरपिलर्स, यानी पिल्लू को अपने बच्चों को खिलाती है।

*(संदर्भ : 1. owlcation.com, 2-व्यक्तिगत आंकलन)*

□□□

MAN - #0708 - 230726 - C0 - 216/140/7 - PB - 9789355214652 - Matt Lamination